Jacky Carll

Bittersweet

Mouches volantes

AF191522

Bittersweet

Jacky Carll

Mouches volantes

Bittersweet – Mouches volantes

2. Auflage
Deutsche Erstausgabe Februar 2025
© 2025 Jacky Carll

Umschlagsgestaltung: Jacky Carll
Bild und Illustration: Jacky Carll
Satz: Jacky Carll
Lektorat: Jacky Carll
Korrektorat: Jacky Carll

Impressum:
Jacky Carll
Carll.Autorin@gmx.de

Verlag: BoD · Books on Demand GmbH, In de Tarpen 42,
22848 Norderstedt, bod@bod.de
Druck: Libri Plureos GmbH, Friedensallee 273, 22763 Hamburg

ISBN: 978-3-7693-0712-2

»Du bist der größte Zwerg, den ich kenne.«

[- Anonym]

Inhaltsverzeichnis

Vorwort

Ich bin ein Fan von Vorworten, da sie stets eine gute und knappe Einführung in die Gedanken der Verfassenden geben.

Sie schreiben entweder über sich selbst, eine Würdigung oder eine übersichtliche Entstehungsgeschichte hinein.

Entstehungsgeschichten finde ich dahingehend interessant, da sie nah am Leben und an den Verfassenden geschrieben sind. So kann eine Entstehungsgeschichte viel über den Verfassenden selbst erzählen.

Zudem bekomme ich dabei das Gefühl, die Texte mit anderen Augen lesen und verstehen zu können. Ein Schriftstück, das eine Geschichte hat und nicht ausschließlich eine Aneinanderreihung von Buchstaben darstellt.

Es ist einer dieser Abende.

Einer dieser, an denen ich auf dem Sofa sitze, auf den Fernseher starre und mich frage: „Wozu überhaupt? Warum gucke ich Fernsehen, wenn mir eine ganze Welt offen steht? Für den Quatsch, der da grade läuft? Und dafür MUSS ich auch noch bezahlen?" Durch das Handyklingeln werde ich aus den Gedanken gerissen. Wie besessen greife ich danach und erhoffe mir etwas, von dem ich nicht genau weiß, was es ist.

Was erhoffe ich mir von einem klingelnden Handy?

Einen Lottogewinn, ohne gespielt zu haben?

Die Besserung der Welt?

Weltfrieden?

Und dann geht es los. Eine Frage gedanklich zu viel gestellt, und das Gedankenkarussell fängt an, seine Runden zu drehen. Mit blinkenden Lichtern und lustiger Hintergrundmusik dreht und dreht es sich. Runde um Runde um Runde.

Worum geht es eigentlich?

Ist das die Frage, die der Frage nach dem Sinn des Lebens nahekommt? Die dem Sinn hinter all den schnellen Gedanken am nächsten kommt? Geht es darum, dem Leben nicht zu viel Sinn oder dem Sinn mehr Leben zu geben? Was ist dieser Sinn und macht er manchmal sogar mehr kaputt, als er sollte?

Ist es ‚sinnvoll‘, allem immer einen Sinn geben zu wollen, oder ist es okay, dass manches keinen Sinn ergibt?

Ist die Suche danach eher eine Lösung oder führt sie schlussendlich zu mehr Problemen?

Kann die Sinnhaftigkeit hinter der Frage nach dem ‚worum geht es eigentlich?‘ der eigentliche Sinn des Lebens sein?

Die Fragen danach lassen einen viele weitere stellen, auf die man keine allgemeingültigen Antworten bekommen kann.

Außer, ja, vielleicht hilft das Stichwort Transzendenz weiter.

Aber, sind es dann ‚wirklich‘ Antworten?

Es gibt Zustände wie z.b. Freiheit, die kann ich einfordern und mir wünschen. Kann ich mir jedoch hochprozentual sicher sein, dass es sie in unserer Wirklichkeit wirklich gibt und wenn ja, ist sie dann endlich oder unendlich?

Denn, solange sie individuell erfahrbar ist und jeder Mensch für sich eine eigene Definition dessen aufstellt, was Freiheit bedeutet, ist es dann etwas, das als reale Gegebenheit gesehen werden kann, wenn Freiheit keine klare Definition aufweist?

Bin ich jetzt ‚freier‘ als ich es vor 400 Jahren gewesen wäre?

Weil ich als Mensch mehr Erfahrung habe und die Geschichte evaluieren kann?

Und...

Ist die Unendlichkeit real unendlich und woher weiß ich, wie eine Unendlichkeit sich anfühlt, wenn doch alles, was ich erfahren kann, endlich ist?

Wie sieht es dann mit dem Leben an sich aus?

Ist das Leben, das ich führe, die Definition von Leben oder nur eine Vorstellung von etwas, weil ich grundsätzlich nicht erklären kann, was Leben ist, da ich es individuell erfahre?

Lebe ich jetzt mehr mein Leben, weil ich denken kann: „Hey, ich lebe" oder schränkt mich das in meiner Freiheit ein, weil mich der Gedanke, leben zu können, einschränkt?

Sind diese Gedanken positiv oder negativ? Objektiv betrachtet, schließen sich Positiv und Negativ nicht aus, zuweilen sie das Gegenteil darstellen – und da bin ich nun, da, wo ich eigentlich immer lande: bei Gut und Böse, hell und dunkel, schwarz und weiß. Ohne das eine gibt es das andere nicht. Ohne die Erkenntnis des

Negativen kann es nicht zum Positiven verändert werden und andersherum ebenso wenig.

Es ist alles ganz schön viel, was in einem kurzen Augenblick denkbar ist, oder? All diese Gedanken haben eine Daseinsberechtigung und sind gut, wie sie sind.

Was mache ich nun mit diesen Gedanken?
Unausgesprochen und nicht diskutiert, können sie ein Fleck werden.
Zu einem nervigen Fleck im Sichtfeld.
Zu einem Mouches volantes.

Die Entstehungsgeschichte dieses Buches ist genau das.
Was mache ich mit all meinen Gedanken, damit sie woanders weiter wachsen können?
Außerhalb des Kopfes.
Aufschreiben, ausführen, lesen, verändern und nach außen tragen.
Manchmal reicht ein ausgesprochener oder aufgeschriebener Gedanke aus, um ganze Welten zu verändern.
Denn das sind wir.
Jeder von uns.
Ein Königreich voller Möglichkeiten.
Ein Himmel aus Freiheitswillen.
Eine eigene Welt.
Ein ganzes Universum.

**Danke, du liebes Universum,
dass du dich für dieses Buch entschieden hast und
es jetzt gerade in den Händen hältst.**

**In Liebe,
Jacky**

Ghostwriter

Gemeinsame Nacht
Im Dunklen sitzend
Grübelnd über dem Papier
Niemand da
Die Nacht ist leise
Nur die Tasten tackten unter meinen Fingern
Ein Text in leuchtender Farbe
Bunt verlaufendes Aquarell
Ein kreativer Begleiter
Unbekannt
Näher als jemand sonst

Die Finger gleiten über dich hinweg
Streicheln dich
Berühren dich
Kitzeln dich
Gänsehaut
Du weißt, da kommt noch mehr
Gemeinsame Nacht
Schwarz auf Weiß
Schönheit geformt
Aus Eins wird Zwei
Aus A wird B
Aus Nichts wird Alles
Ein ganzes Leben
Ein ganzes Herz

Berührt in dieser Nacht
Du bist fertig
Du bist nah
Du bist da
Gemeinsam, in dieser Welt
Gemeinsam, in dieser Nacht

Im Zimmer ist es dunkel
Nur hinter dem Vorhang leuchtet ein Licht
Ein Schatten
Leuchtend so hell wie die Sonne am Nachthimmel
Ich will dich nah bei mir, unbekannte Wärme
Ich will dich umarmen, unbekannter Schatten
Ich will dich sehen, du Unbekannter hinter dem Vorhang

Gitterkäfig aus Gold

Du nimmst ihn wie selbstverständlich in den Arm.
Gesagtes »ich habe keine Gefühle« ist unwichtig geworden. Denn du weißt ganz genau, jeder hat Gefühle, der nicht als pathologisch krank diagnostiziert. Es sind die Verbote, die er sich selbst auferlegt, der Einfluss des Außen und der Druck, der alles auf ihn ausübt.
Die innere Überzeugung dessen, was sein Leben begleitet.
Die Schulter in Gravitationshaltung, Augen suchen den Boden ab.
Schwer wie Blei lächelt er die Sonne vom Himmel und bringt die Nacht herein.

Mit diesem Schmerz in seinen Augen sagt er, es ginge ihm gut, doch du weißt, dass er dir nicht die Wahrheit sagt. Du weißt, er würde, wenn er könnte, wie er wollte – doch so einfach ist das nicht. Dysfunktional im Gegensatz zum Dasein.
Es darf nicht sein, was nicht sein darf; und doch sind wir hier. Im Hier und Jetzt.
Untersagt, das Dasein Realität werden zu lassen. Was ist es nun? Realität, Wunschdenken oder doch eher ein Spiel der Liebe, die sein könnte, wenn sie dürfte, wie sie wollte?

Unterdrückung eines Lebens, das der Gefangenschaft schon immer innewohnte. Eigener Gitterkäfig mit Gold geschmückte Freiheit.

So legt er seinen Kopf auf deine Schultern und schweigt.
Schweigt, weil auch er weiß, wie aussichtslos es ist. Kein Schein, keine Negativität, so sehr es auch danach klingen mag. Es ist nur die wehtuende Wahrheit, die ihr versteckt, um euch nicht gebrochen zu geben. Euch dabei zuzusehen, wie gebrochen ihr seid, macht euch noch mehr zu dem, was ihr nicht sein dürft, wenn ihr könntet, wie ihr wolltet.

Ihre Hand in deinem Haar sagt dir, du bist sicher und es ist okay, dass du die Realität ignorierst, um dich frei zu fühlen.
Lass es raus. Tritt hervor und versteck dich nicht.
Die Luft ist rein, du kannst rauskommen.
Dein Versteck, ein bodentiefer Vorhang aus geboten und vergangen. Ein Versteck aus sanfter Blickdichte.
Du willst der Schatten sein.
Vor lauter Dunkelheit kannst du dein eigenes Leuchten nicht sehen.
Der Nebel der Verzweiflung, die du nicht spüren kannst, weil du keine Gefühle hast, übermannt dich, nimmt dir die Luft zum Atmen.

Du weißt nicht, was mit dir geschieht.
Du weißt nicht, was mit dir los ist.
Du weißt nur, dass etwas nicht stimmt.
Du spürst nur, du musst was tun – doch du weißt nicht was.
Und so entscheidest du dich für den Fall. Du erlaubst dir dieses Gefühl. Du legst deine Arme um sie. Fester drückst du zu, weil du spürst. Weil du fühlst. Weil du fliegst.
Du brauchst hier kein Versteck. Du brauchst hier keine Angst. Du brauchst hier keine Vorsicht.
Du brauchst nur dich.

Dich, wie du bist und nicht, wie du musst. Du brauchst nur dich, wie du fühlen kannst, weil du dann erst wieder erkennst, wie schön du bist. Wie es sein könnte, wenn du könntest, wie du wolltest. Weil du jetzt gerade wieder merkst, dass du kein Monster bist, dass du alles tust, wirklich alles tust, um so zu sein, wie deine Welt dich haben möchte. Weil du jetzt gerade merkst, dass deine Welt größer ist, als du wusstest und dir gesagt wurde. Dass deine Welt bunter sein kann, wenn du den Farbkasten öffnest.

Weil du gerade merkst, dass, wenn du es zulässt, deine Welt auch daraus bestehen kann, dass du das Leuchten in dem dunklen Zimmer sein kannst. Jenes Zimmer, von dem du dachtest, es hätte dich verschlungen. Jene Gitter, die dich davon abhalten, den Ausweg zu nehmen. Jenes Gold, das dich augenscheinlich am Leben hält.

Wenn du es doch nur zulassen würdest.
Wenn du es doch nur dürfest.
Wenn du es doch nur könntest.

Denn, ich weiß, mein Unbekannter,
wenn wir dürften, wie wir wollten, dann würden wir.

Life in between

Ich weiß nicht, was passiert.
Sehe den Abgrund.
Ich fliege hoch, zu hoch.
Fühle mich voll und leer.
Zwischen Anfang und Ende.
Gefangen im Zwielicht betäubender universeller Gegebenheiten.
Ein Gefühl, das die Lungen weitet, das Herz erwärmt.
Ein Gefühl, das den Hals zuschnürt, den Kopf vernebelt.
Und ich weiß nicht, was passiert.
Sehe den Abgrund. Soll ich springen?
Ahnung über Bord geworfen.
Grenzen gesprengt.
Erneut und immer wieder.
Fluch des Lebens.
Freier Fall kommt bestimmt.
Fallschirm.
Wann muss ich die Leine ziehen?
Was, wenn sie reißt?
Werde ich den letzten Fall bemerken, bevor ich sterbe?
Alles gegeben, Adrenalin.
Diese süße Versuchung hoffender Unmöglichkeit auf ein Leben.
Gewusst und doch getan.
Anfang bis Ende.
Die Arme der Rettung des endlosen Rasens.
Öffne dich, oh du tragendes Tuch der Sicherung
auf meinem Rücken.
Stärke mich.
Halte mich.
Rette mich.
Lass mich nicht im Stich.
Freier Fall.
Rettung oder Tod.
Schwebend oder fallend?

Zwischenleben auf ewig.

Was heute vor uns liegt, gesehen in diesem Spiegel
Klein, unbedeutend, grässliche Nacht
Was morgen vor uns liegt, hinter diesem Spiegel
Groß, stärker als der hellste Tag

Spiegel

Du bist meine Sucht!
Ein tiefer Atemzug und du erleichterst mich.
Ein tiefer Atemzug und du hüllst mich ein.
Hüllst mich ein, in einen süßlichen Nebel voller Zuversicht.
Ein Filter, der all dein Gift verborgen hält.
Ein Spiegel – du lässt mich alles sehen.
Alles, was mich süchtig macht.
Ein tiefer Atemzug und du erstickst mich.
Ein tiefer Atemzug und du greifst nach mir.
Greifst an meinen Hals.
Mit Nachdruck füllst du meine Lungenflügel.
Ein Blick, der all deine Geheimnisse offenbart.
Ein Grinsen – die Boshaftigkeit verstopft deinen Filter.
Der Spiegel zerbricht, du lässt mich alles sehen.
Alles, was mich ängstlich macht.

Du bist meine Sucht!

Ein großer Schluck und du erleichterst mich.

Ein großer Schluck und du hüllst mich ein.

Hüllst mich ein, in einen schwummrigen Zustand voller Sehnsucht.

Eine Maske, die dich hinter weißem Papier versteckt.

Ein Spiegel – du lässt mich alles sehen.

Alles, was mich süchtig macht.

Ein großer Schluck und du ertränkst mich.

Ein großer Schluck und du greifst nach mir.

Greifst an meine Arme.

Mit Nachdruck stillst du meinen Durst.

Eine Tat, die all deine Manipulationen offenbart.

Eine Gestik – die Gleichgültigkeit zerschlägt deine Maske.

Der Spiegel zerbricht, du lässt mich alles sehen.

Alles, was mich verletzlich macht.

Du bist meine Sucht!

Ein kurzer Schnitt und du erleichterst mich.

Ein kurzer Schnitt und du hüllst mich ein.

Hüllst mich ein, in einen verzweifelten Sog aus Hilfeschreie.

Ein Schauspiel, das all dein Talent zum Vorschein bringt.

Ein Spiegel – du lässt mich alles sehen.

Alles, was mich süchtig macht.

Ein kurzer Schnitt und du trennst mich.

Ein kurzer Schnitt und greifst nach mich.

Greifst an meinen Kopf.

Mit Nachdruck verwirrst du meinen Geist.

Eine Stärke, die all deine Zerbrechlichkeit offenbart.

Eine Benutzung – die zum Horror deines Schauspiels vorspult.

Der Spiegel zerbricht, du lässt mich alles sehen.

Alles, was mich zu dir geführt hat.

Und der Spiegel, der du vorgabst zu sein, der bin ich.

Schneewittchen

Und selbst wenn du immer Schminke trägst.
Dir Hautesglätte aufmalst.
Wimpern lang und Perücke schön.
So weiß wie Schnee, so rot wie Blut, so schwarz wie Ebenholz.
Dem Schneewittchen neidisch gesinnt.
Du brichst hervor.
Du kannst dich nicht verstecken.
Irgendwann. Schminke bröckelt. Schminke bricht.
Du schaust durch die Risse.
Ausgefranzte Kanten im Gesicht.
Spieglein, Spieglein, wer ist das?
Des Puppenspielers Antlitz dir entgegen grinst.
Gesicht wie deins.
Dem Körper angenähte Marionettenfäden.
Taumelnd. Fallend.
Schminke bröckelt. Schminke bricht. Irgendwann.
Doppelrolle, schwere Last.
Besser, du spielst sie nicht.
Spieglein, Spieglein, hinter all den Bergen.
Für wen?
Für dich?
Du bist doch du.
Für wen?
Für mich?
Ich bin doch du.
Besser, du setzt sie ab.
Schnee geschmolzen, Blut geronnen,
Ebenholz in Flammen aufgegangen.
Befreit.
Spieglein, Spieglein, Wahrheit gesehen.
Puppenspieler weiterzieht.
Für wen?
Für uns?
Wir sind doch wir.
Schminke bröckelt. Irgendwann. Schminke bricht.

Sonnenmondtanz

Sonne und Mond
Im Himmel belohnt
Ein Glanztanz am Firmament
Im Palast der Götter die Seele brennt
Feuer so heiß
Kalt wie Eis
Gegensätze des Ganzen
Im Chaos die Welt ertanzen
Sonne und Mond
Am Himmel thront
Millionen Kilometer voneinander entfernt
Von Himmelskörpern besternt
Feuer so rot
Liebe gebot'
Kalt so weiß
Abweichendes Gleis
Sonne verbrennt
Mond getrennt
Sonne und Mond
Im Himmel wohnt
Ein gemeinsames Leid
Für die Ewigkeit

Explosion – ein Splitterhagel regnet nieder

Ein neues Leben geboren

Ein neues Leben gegeben

Druckwelle – zusammengepresst aus Kohle

Zwei neue Leben geboren

Zwei neue Leben gegeben

Diamant – aus ewiger Gefangenschaft geflohen

Zwei bekannte Seelen gefunden

Im nächsten Leben versprochen

Im nächsten Leben

Und im nächsten Leben werde ich dich finden.
Im nächsten Leben werde ich stärker, mutiger und besser sein.
Ich werde dir sagen können, wie unglaublich du bist.
Welche Wirkung du auf mich hast.
Was du in mir auslöst.
Mit deinem alleinigen Sein.
Mit allem, was du bist.
Deine Blicke, die mich treffen.
Es ist vorbei.
Ich kann nicht denken, nicht reden, kann nicht atmen.
Mein Verstand setzt aus. Für diesen Augenblick.
Mein Herz hört auf zu schlagen. Für diesen Moment.

Wenn du mich findest, gib mir ein Signal. Lass es uns in diesem Leben vereinbaren, sodass wir uns auch wirklich nicht verfehlen können. Ich sehe dich, du siehst mich, aber vielleicht ist das nicht genug. Vielleicht haben wir in diesem Leben nicht genug gegeben, damit wir uns im nächsten Leben finden.

Und im nächsten Leben werden wir es richtig machen.
Im nächsten Leben werden wir leuchten, strahlen und besser sein.
Wir werden uns sagen können, wie unglaublich wir sind.
Welche Wirkung wir aufeinander haben.
Was wir in uns auslösen.
Mit unserem alleinigen Sein.
Mit allem, was wir sind.
Unsere Blicke, die sich treffen.
Es ist noch nicht vorbei.
Wir denken und reden und atmen.
Wir leben und lieben. Für diesen Augenblick.
Wir lachen und weinen. Für diesen Moment.

Wenn ich dich finde, gebe ich dir unser Signal. Lass es uns doch jetzt bitte schnell vereinbaren. Ich möchte dich nicht wieder bloß von außen lieben. Ich möchte dir nicht wieder dabei zusehen, wie du jemand anderen liebst, während ich versuche, dich zu erreichen – mit vergeblicher Müh'.

Und im nächsten Leben wirst du mich finden.
Im nächsten Leben wirst du schöner, offener und ehrlicher sein.
Du wirst mir sagen können, wie unglaublich ich bin.
Welche Wirkung ich auf dich habe.
Was ich in dir auslöse.
Mit meinem alleinigen Sein.
Mit allem, was ich bin.
Meine Blicke, die dich treffen.
Es ist noch nicht vorbei.
Du kannst nicht denken, nicht reden, kannst nicht atmen.
Dein Verstand setzte aus. Für diesen Augenblick.
Dein Herz hört auf zu schlagen. Für diesen Moment.

Wenn wir uns finden, unser Signal erkannt haben, dann hoffe ich, dass wir es dieses Mal schaffen können. Das wir in den vergangenen Leben genug getan haben, um endlich frei miteinander zu sein. Um uns endlich das geben zu dürfen, was wir uns so sehr wünschen. Was wir verdienen. Was wir träumen.

Denn wenn wir es nicht schaffen, obwohl es doch wir waren, die sich einst versprachen »im nächsten Leben, mein Herz«, dann weiß ich nicht, wie viele Leben wir noch leben müssen, damit ich wir uns endlich lieben dürfen.

Sackgasse

Mit der Fähigkeit,
Gefühle schnell vergehen zu lassen,
Liebe zügig aufzugeben
und
das Herz rasant neu vergeben zu können,
sind ausschließlich jene ausgestattet,
die nur mit den Augen sehen,
mit den Ohren hören
und
mit dem Mund reden.

Ummantelt

Zärtliche Wärme

Beschützend um dich gelegt

Eingedrungen

Ausfüllende Wohltat

Besonders für dich

Liebes Spiel,

in der Nacht kommt er herein. Durch das Fenster wie ein Sommerwind. Ein Einbrecher, leise auf federbedeckten Füßen, schwebt er über den Boden.

Näher an dich heran.

Du stehst am Ende des Flures und spürst, etwas wird passieren.

Du ahnst.

Du fühlst.

Du hoffst.

Eine sanfte Berührung auf deiner Schulter lässt dich erstarren. Weiche Haut auf Haut. Sich gut anfühlend, zieht die Berührung heiße Spuren über dein Schlüsselbein. Am Hals entlang, streicht er deine Haare aus dem Nacken.

Ein hauchender Kuss im Übergang brennt sich in deinen Körper wie ein Brandmal.

Die zärtliche Leidenschaft wird hungriges Verlangen.

Ziehen im Körper. Ist es Freude? Ist es Angst?

Was tust du hier?

Darfst du das?

Die Ungewissheit schnürt dir die Brust zu. Das Atmen fällt dir schwer. Du bist im Begriff dich umzudrehen, doch die Arme umschließen dich und halten dich an Ort und Stelle.

Bist du eine Gefangene?

Die Erlösung ist in weiter Ferne. Still stehst du da und traust dich kaum eine Rührung. Die hauchenden Küsse werden schwerer. Du willst dich winden und fliehen, doch kannst es nicht.

Sein Körper presst sich gegen deinen. Du fühlst jede Bewegung an deinem Rücken. Sein Spiel lässt dich spüren, ihm ergeht es nicht anders. Geduldig stehst du da und genießt, wie sehr er dich will. Wie sehr er dich fallen sehen will.

Die Funken knistern über dir in der Luft.

Sie rieseln auf dich nieder und jagen dir einen Schauer über den Rücken. Ein Wechselspiel der Jahreszeiten überkommt dich und zerreißt dich mit der Absicht, dich zu Boden zu ringen. Knie so weich, in zitternden Beinen gebettet.

Ein Machtspiel der Gezeiten überfällt dich und kann sich nicht entscheiden, ob es dich hinaustragen oder anspülen will.

Du wirst im Strudel der Gedanken hin und her gewirbelt.

Sicherheit, du kannst nicht fallen.

Deine Stärke hält dich bedingungslos.

Geborgenheit.

Du riechst den Duft ihrer Haare und wünscht dir nichts mehr, als dass du ihn nie mehr vergisst. Die Nase verborgen im Gewirr, willst du mehr. Immer mehr. So viel mehr.

Der König steht; die Dame soll fallen.

Du setzt alles auf eine Karte, denn du willst sie fangen.

Du willst den Stich.

Schachmatt.

Du schleichst dich an.

Nein.

Das ist nicht wahr, du spürst diese Lüge in dir.

Du bist es nicht.

Du kannst nicht anders.

Sie ist das Licht. Du bist das Nachtwesen.

Du kannst dich nicht wehren, fernhalten, ausweichen - warum solltest du auch?

Alle Bauern sind vom Feld, nur noch du und sie.

Kannst du sie gewinnen oder wird sie dich besiegen?

Legst die Arme um sie, hüllst sie ein, nimmst sie ein, vertraust deinem Instinkt. Er wird dich leiten, in die schonungslose Wärme des Seins. Lass los.

Ihre Haut unter deinen Fingern ist die Wohltat. Freiheit in greifbarer Nähe. Trau dich näher ran. Wovor hast du Angst?

Hast du Angst vor mir?

Musst du nicht, mein liebes Spiel.

Du musst nicht gewinnen.

Du musst nicht verlieren.

Die Regel einst: wer fair gespielt, hört niemals auf.

Es ist ein Auf und Ab, ein Rein und Raus, ein Für und Wider.

Es ist ein du und ich.

Ein ich und du.

Ein Spiel aus Liebe.

Ein Spiel aus uns. Ein Spiel.

Ein Spiel aus mir. Ein Spiel aus dir.

Lass los.

Lass es uns versuchen.

Ich weiß, du bist es wert.

Du weißt, ich bin es wert.

Wir wissen, wir sind es wert.

Denn es ist besonders, liebes Liebesspiel.
Besonders für mich.
Besonders für dich.
Besonders für uns.

Semikolon

Ich kann wieder stehen.
Zwar muss ich mich noch mit beiden Händen festhalten,
doch ich kann wieder stehen.
Ich kann wieder gehen.
Zwar muss ich noch Gehilfen benutzen,
doch ich kann wieder gehen.
Ich kann wieder lächeln.
Zwar benötige ich noch Witze dafür,
doch ich kann wieder lächeln.
Ich kann wieder fühlen.
Zwar benötige ich noch viel Wärme dafür,
doch ich kann wieder fühlen.
Ich kann wieder fliegen.
Zwar benötige ich noch einen Fallschirm,
doch ich kann wieder fliegen.
Ich kann wieder kämpfen.
Zwar benötige ich noch einen Schutzbunker zum Rückzug,
doch ich kann wieder kämpfen.

Man sieht es vielleicht nicht,
doch ich weiß, ich kann das, denn ich will das.
Ich bin noch nicht über den Berg,
doch ich weiß, du stehst noch da unten und rührst dich nicht.
Du siehst mich stehen, du siehst mich gehen, du siehst mich
lächeln, du siehst mich fliegen.
Du siehst, wie ich den Kampf gegen dich gewinne.
Still und leise. Nur mit mir.
Ohne dich. Gegen dich.
Für mich.
Ich kann wieder sein.
Zwar muss ich mich noch daran gewöhnen,
doch ich kann wieder sein.

Erlaubt, loszulassen

Alte Gewohnheit

Vergangenheit

Nichts spielt mehr eine Rolle

Erlaubt, zuzulassen

Alte Gewohnheit

Gegenwart

Verschiedene Leben

Nichts davon ist unsere Schuld

Machtlos

Egal, wie sehr wir uns bemüht hätten, wie sehr wir es gewollt hätten.
In dem Moment, in dem du mich angesehen hast, in dem du mich
angelächelt hast.
Der Augenblick, in dem ich deine Stimme hörte.
Der Augenblick, in dem ich deine Seele in deinen Augen sah.
Ja, sich fernzuhalten war eine Option.
Es nicht zu versuchen wäre ein Fehler gewesen.
Erlaubt, loszulassen.
Erlaubt, zuzulassen.

Egal, wie sehr wir gekämpft hätten, wie sehr wir geschrien hätten.
In dem Moment, in dem du das erste Mal meine Hand genommen
hast, in dem du das erste Mal mein Herz berührt hast.
Der Augenblick, in dem ich überfordert mit dir war.
Der Augenblick, in dem ich alles wegwerfen wollte.
Nein, diese Entscheidung zu treffen war keine Option.
Die Antwort wäre ein Fehler gewesen.
Erlaubt, loszulassen.
Erlaubt, zuzulassen.

Egal, wie sehr wir geweint hätten, wie sehr wir gefleht hätten.
In dem Moment, in dem du mich sanft berührt hast, in dem du mich
entfesselt hast.
Der Augenblick, in dem wir die Fehler begingen.
Der Augenblick, in dem wir uns das erste Mal verloren haben.
Vielleicht, dieses Leben aufzugeben war möglich gewesen.
Der Stimme nachzugeben und aufzugeben wäre zu einfach
gewesen.
Erlaubt, loszulassen.
Erlaubt, zuzulassen.

In dem Moment, in dem du mich das erste Mal geküsst hast, in dem du das erste Mal meine Seele getroffen hast.
Der Augenblick, in dem ich glücklich mit dir war.
Der Augenblick, in dem du mein Ich zerrissen hast.
Vielleicht, dieses Leben nicht zu leben war eine Option gewesen.
Die Antworten darauf lagen in der Entscheidung, die Stimme zu ignorieren.
Erlaubt, loszulassen.
Erlaubt, zuzulassen.

Egal, wie sehr wir uns die Schuld dafür geben wollen, das Verlangen war zu stark, das Fernhaltenwollen zu schwach.
Egal, wie sehr wir uns zerstören, wir haben alles versucht. Die Anziehung zu groß, die Stärke zu schwach.
Egal, wie wir uns entschieden hätten, nichts davon ist unsere Schuld, wir waren machtlos.

Defragmentierung

Und weißt du, was du tun kannst?
Du kannst dir selbst das Herz aus der Brust reißen.
Du kannst selbst dafür sorgen, dass du innerlich verblutest.
Doch es wird nicht die Erfüllung bringen, die du dir erhoffst.
Denn es ist nicht das Herz allein, das fühlt.
Alles setzt sich passend zusammen, fühlt.
Alles, was du bist, fühlt.
Alles in dir, fühlt.
Jede Zelle.
Jedes Atom.
Alle Augenblicke.
Deine Seele.
Deine Sinne.
Alles in dir, fühlt.
Alles, was du bist, fühlt.
Alles setzt sich passend neu zusammen, fühlt.
Denn es ist nicht ausschließlich dein Herz allein, das fühlt.
Dein Herz ist da, um das Fühlen zu sammeln und einzufügen.
Dein Herz ist da, um das Fühlen durch die Adern zu pumpen.
Dein Herz ist da, damit du dich fühlen kannst.

Und ich halte mich fest
Nehme mich in den Arm
Spüre meine eigenen Hände in meinem Rücken
Fester drücke ich zu
Ich halte sie fest zusammen
Denn wenn ich loslasse – Mich loslasse
Den Griff löse, die Arme senke
Meine Hände nicht mehr spüren kann – mich nicht mehr spüren kann
Mir keinen Halt mehr gebe
Nicht mein eigener Klebstoff bin
Dann falle ich auseinander

Scherbe im Sand

Wir laufen den Strand entlang und ich halte deine Hand. Der Wind weht stark durchs Haar und pustet unsere Gedanken hinfort. Draußen, am Horizont, über den Wellen des Meeres, leuchtet der Feuerball. Die Hoffnung bricht herein, dass er uns den Weg erhellt.
Uns wärmt.
Uns liebt.
Während wir unsere Hände halten.
Deine Hand kalt, als wärst du der Winter in Person.
Ich sehe dich an.
Ein Lächeln, so warm wie der erste Frühlingstag.
Doch mein Herz schlägt nicht schneller in meiner Brust.

Was ist es bloß?

Spürst du es auch?

Noch während unsere Füße Spuren in den Sand laufen, erscheint mir die Klarheit am Boden liegend.

Klein und unbedeutend sieht sie aus.

»Du musst schon genauer hinschauen«, sag' ich mir.

Ich lasse deine Hand los und erschaudere.

Sofortige Wärme durchflutet meine Fingerspitzen und wollen den Sand berühren.

Lieber den Sand als deine Hand, überkommt mich das Gefühl.

Den nassen Sand, mit der angespülten Klarheit.

Ebbe und Flut geteiltes Leid.

Wie kann es sein, dass du mir so fremd bist?

Von Jetzt auf Gleich, als wären wir uns nie begegnet?

Dein einst mir so vertrautes Lachen wurde mit der letzten Welle mitgerissen in die Tiefen des blauen Meeres.

Untergetaucht und im Sog umhergewirbelt.

Deine einst mir so vertraute Wärme wurde mit dem letzten Winter eingefroren und ist nie aufgetaut.

Ich hebe die Klarheit auf.

Eine Scherbe aus weißer Schönheit geformt.

Kanten rund geschliffen.

Glas matt wie Wasser aus Erde.

Keine Spiegelung verrät mein Gesicht.

Kleine Sandkörner machen das Dahinterschauen unmöglich.

Blinder Fleck.

Ja, wie ist das nur möglich?

Habe ich mein Spiegelbild verloren?

Ich kann mich nicht mehr sehen.

Erkenne mich nicht.

Verzerrungen durch trübe Auge.

Spiegeleigenschaft verloren durch gebrochenes Glas.

Habe ich nicht gedacht, es ist die Klarheit, die mich gefunden hat?
Klein und still liegend im Sand?
Wie konnte ich deine Hand loslassen, für dieses trübe Stück Müll?
Am Strand gefunden, aufgehoben, wie einen Schatz des Piraten.
Loslassen kann ich aber nicht.
Ich stecke das Es ein und halte es fest in meiner Hand. Mit der anderen deine gegriffen.
Kalt und warm, wie kann das sein?
Körper gegen Glas.
Blut gegen aus Sand geformt.
Liebe gegen Liebe.

Ein Test verrät, du bist die Kälte und schaust mich an.
Aus kalten Augen versuchst du, meine Seele zu dominieren.
Aus kalter Stimme versuchst du, mein Herz zu kontrollieren.
Doch nichts dringt mehr hindurch.
Mir dämmert die Lösung.
Spiegelglas in meiner Hand.
Ich muss genauer hinschauen.
Sie baut Mauern um mich.
Burggraben, fall nicht hinein.

Ich ziehe die Hand aus meiner Tasche und öffne sie.
Mattierung verblasst, es glänzt. Eine Aura umspielt meine Hand und kriecht meinen Arm hinauf; erwärmt meinen Körper.
Langsam erwachen Mut und Kraft zu neuem Leben.
Mit zwei Fingern halte ich das Glas in die Luft.
Die Sonne trifft mit ihren Strahlen genau hinein.
Ich kann es sehen. Endlich kann ich es wieder sehen.
Aus schwarzweißer Gegebenheit wird bunte Welt.
Grün und Blau liegt es vor mir.

Leben.

Ich sehe die Klarheit nun.

Nicht mehr matt und rund geformt; eine Spiegelscherbe.

Ich kann mich sehen. Schön und genug blicke ich in meine Augen.

Ich darf mich nicht loslassen, nur um dich festzuhalten.

Ich darf mich nicht verlieren, nur um dich zu finden.

Ich darf mich nicht wegwerfen, nur um dich zu behalten.

Ich muss mich festhalten, denn sonst falle ich auseinander.

Klein und unbedeutend, wie eine Scherbe im Sand.

Kognitive Dissonanz

Raus, raus, raus. Ein Weg hinaus.
Ich seh' die Nachricht vor mir stehen.
Der Kopf, der nicht zur Ruhe kommen will.
Sinnlos rasen die Gedanken durch mein Blut.
Blödsinn, denn ich weiß, ich werde bleiben.
Schwachsinn, denn ich weiß, ich müsste gehen.
Verwirrtheit durch und durch.
Raus, raus, raus. Ein Weg hinaus.
Ich seh' dich an.
Ein Kribbeln durchflutet meinen Bauch.
Die Gedanken so laut, sie schreien mich an.
Spreche ich laut, spreche ich leise?
Oder verstumme ich auf meine Weise?
Alles infrage gestellt.
Wort, das nie gesagt.
Aussagen die nie dein, Gestik kalt wie Stein.
Raus, raus, raus. Ein Weg hinaus.
Bleibe stehen und denke nach.
Alles für falsch gehalten?
Ist ein Ja ein Nein oder warum klingt es wie halbverjeint?
Ist ein Ok ein Ok oder warum fühlt es sich nicht ok an?
Verrückte Gewissensbisse, Ehrlichkeit zurückgehalten.
Wahrheit verdreht im Nebelwirbel, Unrecht dominant.
Raus, raus, raus. Ich muss hier raus.
Ich muss jetzt gehen.
Ich will nicht gehen.
Kann nicht mehr bei dir sein.
Kann nicht mehr neben dir stehen.
Ich muss jetzt gehen, es tut mir leid.
Doch ich muss hier raus, ich muss jetzt gehen.
Ich darf dich nicht wieder sehen.

Sein in Mir
Sein in Dir
Unendlichkeit zu groß für den Verstand
Endliche Möglichkeiten zu klein für die Welt
Sein als das Leben
Sein als Du und Ich

Unendlichkeit des Seins

Komm mit mir in die Unendlichkeit des Seins.
Fern ab von all dem Endlichen dieser Welt.
Unendlichkeit im Selbst erschaffen.
Braucht es die bedingte Endlichkeit nicht.
Lass uns unsere Horizonte erweitern.
Lass uns unseren Frieden finden.

Das Sein und diese Welt gehören uns.
Wir allein sind Herrscher unserer Leben.
Universelle Zusammenhänge entdecken.
Spuren des Unser in der Begabung erfahren.
Lass uns unsere Gedanken befreien.
Lass uns unsere Seele nähren.

Komm mit mir in die Unendlichkeit des Uns.
Fern ab von all dem Möglichen dieser Welt.
So viel steckt im Potential.
Braucht es die Scheu im Heute nicht.
Lass uns frei sein.
Lass uns wir sein.

Die Weisheit der Welt nicht in einem Buche steht.
Das Außen nur quasi eine Rolle spielt.
Wir allein sind die Beschützer des Inneren der Welt.
Kausalitäten verstehen im eigentlichen Wir.
Lass uns unseren Verstand ausschalten.
Lass uns unsere Herzen aktivieren.

Komm mit mir in die Unendlichkeit unseres Seins.
Fern ab von all dem endlich Möglichen dieser Welt.

Selbstlüge

Ein Gefühl
Ein Lächeln
Ein gut gemeinter Ratschlag
Die Ehrlichkeit des Auftretens
Andere glauben zu lassen
Es selbst zu glauben
Die innere Unehrlichkeit
Eine Verwischung der Wahrheiten
Spiele nicht mit dir selbst
Meine es ernst
Manipulation funktioniert nicht nur vom Außen
Die schlimmste kommt vom Innen

Spiralen sehen immer so aus,

als ob sie am Ende tief und dunkel sind.

Steil, schmal und rasch geht es nach unten.

Aber was, wenn es nicht der Abgrund ist, sondern der Gipfel?

Schließlich geht alles in beide Richtungen.

Treppenhaus

Hast du jemals darüber nachgedacht, wie es aussehen würde, wenn du dein Leben bildlich beschreiben müsstest? Was würdest du sagen? Und ich meine nicht bloß Farben, Töne und Geräusche.

Nein. Ich meine eine Beschreibung von einem ganzen Leben. Mit allem darin, drumherum und überhaupt. Wie beschreibt man ein Leben, das einen Anfang hatte und ein Ende haben wird? Von einem Anfang, den man nur aus Erzählungen kennt, obwohl man selbst dabei war. Von einem Ende, das noch gar nicht geschehen ist, obwohl es bereits existiert.

Hell beleuchtet von Schritt zu Schritt.
Eingeladen zu einem Sternenritt.
Ziel ist hoch hinaus,
in meinem eigenen Treppenhaus.

Lass ihn mich genießen, diesen Tanz.
In meiner wandelbaren Eleganz.
Will niemals raus,
aus meinem Treppenhaus.

Treppe rauf und Treppe runter.
Meine Flure werden stetig bunter.
Kobold, Einhorn, rosa Maus,
in meinem Treppenhaus.

Kirmeskarussell und Spiegellabyrinth.
Schwarzweißkonfetti im Dämmerungswind.
Tagein tagaus,
in meinem Treppenhaus.

Kerkerei und Folterei hinter dieser Tür.
Gebe mich hin, meiner Lebenswillkür.
Rose, Farn und Lilienstrauß,
alles wächst in meinem Treppenhaus.

Schere, Stein, Papier in die Faust geschlagen.
Es ist düster, an manchen Tagen.
Aber hey, es ist okay.
Denn es ist doch mein und nicht dein.
Komm', ich zeig' dir, ich mach was draus,
aus meinem Treppenhaus.

Mach's mir gleich und sei dabei.
Du bist eingeladen, wandelbar und frei.
Stufe um Stufe kannst du weitergehen.
Und den Rest, du wirst schon sehen.
Es ist dein und nicht mein.
Sei dir immer einen Schritt voraus,
in deinem eigenen Treppenhaus.

So ungefähr würde ich das Leben beschreiben.

Als Treppenhaus des Lebens.

Es ist keine stetig nach oben oder unten gehende Treppe, wie es so oft dargestellt wird. Oft sieht man doch nur eine steile Stufenmauer ohne genauen Anfang und als Ende einfach eine Spitze. Auf der anderen Seite geht es entweder steil wieder Bergab, wie bei einer Pyramide oder man sieht nicht erst gar nicht, wie es dann weitergeht oder was sich dort oben überhaupt befindet. Interpretiert bedeutet das, wenn wir die unendlichen Stufen hinauf sind und auf der Spitze stehen, ist Ende? Und wenn da Ende ist, sind wir dann Tod? Lohnt sich der Aufstieg dann? Werden wir dann zu Sisyphos und lernen die Qual der trostlosen Stufenmauer, wie oft dargestellt, lieben? Sind wir die Geisel dieser Stufen? Haben wir alle das Stockholm-Syndrom von unserem eigenen Leben?

Nein, diese Stufenmauer liegt fernab meiner Vorstellungskraft. Es ist zu einfach, zu simpel, um es sich vorzustellen. Das Leben ist ein Treppenhaus mit Geraden, Fluren, Türen, Räumen und Fluchtwegen. Wir können überall anhalten und die Räume hinter den Türen betreten oder einfach nur durch das Schlüsselloch gucken.

Die Geraden entlangschlendern und von oben auf das Leben schauen - lässig an das Geländer gelehnt, pausierend Luft geholt. Die Fluchtwege ermöglichen uns die Flucht in eine tiefere oder höhere Etage, je nachdem, was die Flucht bringen soll. Eine Flucht muss nicht überwiegend negativ sein. Positive Flucht? Nicht auszudenken dieser Gedanke.

In diesem Treppenhaus ist alles möglich - wir können entscheiden, wann wir wohin gehen wollen und ob überhaupt. Jede Ebene bringt Erkenntnis, Glück und Freude, aber auch tiefe Learnings, Traurigkeit und Narben.

Räume voller Herausforderungen, die es zu lösen gilt, wenn wir die Türen geöffnet haben. Wird dies nicht erfüllt, taucht dieser Raum immer und immer wieder auf, in unterschiedlicher Gestalt, bis die Herausforderung darin gelöst wurde. Wie eine Quest in einem Spiel. Wir können in unserem Treppenhaus und in den Räumen Gedanken und Erinnerungen lagern, speichern, einkerkern - ein lebendiger Gedankenpalast, in dem wir alles finden können, was wir sind.

Es ist ein Unendlichtreppenhaus - es bietet uns unendlich viele Möglichkeiten aus vergangen und gegeben. Manches haben wir lediglich versteckt, es ist da und bereit dazu, gefunden zu werden.

Jeder kann für sich selbst entscheiden, auf welcher Etage er verweilen oder das Leben leben mag. Es ist jederzeit möglich, weiterzugehen und die Räume zu betreten - wir selbst sind die Architekten und Raumausstatter.

Schmücke es, hänge Lampen auf, stelle Pflanzen hinein und lasse die Vöglein fliegen. Beobachte wie die Äffchen in den hohen Bäumen springen und wie die Mäuschen einen Freudentanz tanzen. Reite auf dem Einhorn den langen Flur entlang und stibitze dem Kobold das Gold vom Regenbogen.

Alles ist auf sich selbst abgestimmt.
Alles darin ist man selbst.
Alles darin bist du.

Wegwerfgesellschaft

Lass fallen, was du nicht tragen kannst.
Stoß weg, was nicht deinen Vorstellungen entspricht.
Umverpackung willst du nicht.
Grüner Punkt.
Runde Einigkeit der unendlichen Harmonik.
Pfeile in sich geliebt als Licht des Denkens eigener Kraft.
Klarheit und Ordnung verschlungen in sehnender Hoffnung und
Stabilität.

Lass hinter dir, was nie vor dir war.
Vernichte, was nicht fehlerfreier Funktion entspringt.
Scherben im Herzen willst du nicht.
Splitterglas.
Geworfen in die grenzenlose Weite der Nichtexistenz.
Bruchstücke geformt aus Unachtsamkeit an eigener Perfektion.
Messerscharf gewordene Verletzlichkeit einer gebrochenen
Ganzheit.

Lass liegen, was du nicht heben kannst.
Gib auf, was einst dein und so geliebt.
Kämpfe gibt es genug, die brauchst du nicht.
Zusammenfall.
Organischer Kreislauf im endlosen Sein des Lebens.
Hinzugefügt in die Ursprünge der kosmischen Instanz.
Wiedergeboren in der Äquivalenz universeller Materie und
Energie.

System **Leben**

Lerne, nicht nur zu funktionieren.
Funktion ist Technik.
Technik ist Funktion.
Du lebst.
Bist du Technik?
Bist du Funktion?
Monotones Leben, Norm entsprechend, alles tun.
E-funktionierend annähernd null, doch niemals ganz.
Matrizendimension drei mal drei gleich eins plus null gedacht.
Geviertelt in der Definition systemischer Materie.
Thermodynamische Komplexität informativer Evolution.
Leben!
Service unavailable.
Funktioniere nicht.
Reagiere nicht auf jedes Enter.
Sei für niemanden die Leertaste!
Spurte nicht von A nach B.
Tabstopp.

Du kannst Entf drücken, wenn du keine Funktion bist.
Du kannst ESC drücken, wenn du keine Technik bist.
Du kannst Strg V drücken, wenn du lernen willst.
Du kannst die Power drücken, wenn du leben willst.

Nimm mir meinen Atem

Nimm mir mein Herz

Nimm mir meine Augen

Nimm mir meine Seele

Nimm mir meine Gaben

Nimm mir meine Liebe

Ich gebe mein Leben, für eines mit dir

Vom Fremdgehen und so weiter

Du kannst immer und immer wieder deine Liebe geben.
Egal, wie viel oder wie wenig du zurückbekommst.
Du kannst immer und immer wieder deine Liebe geben.
Egal, ob du dich dafür selbst aufopferst.
Weißt du warum?
Weil es deine Liebe ist, die du befreien musst, um zu lernen, wie du
diese eine Liebe, die jeder von uns im Leben hat, lieben kannst.
Du lernst, was du bereit bist zu geben, um sie zu fangen.
Du lernst, was du bereit bist zu opfern, um sie zu umgarnen.
Diese eine Liebe, für die du bereit wärst, dein Leben zu geben, um
eines mit ihr zusammen zu erleben. Diese eine Liebe, die jeder von
uns hat, ist der Grund, warum wir sind.

Und manchmal hat man das Gefühl, dass man sich nie zufällig begegnet.

Ein Grinsen, ein Blick, ein schüchternes Wegschauen.

Ein Mal gesehen, läuft man sich immer wieder über den Weg.

Wir sind zur passenden Zeit am passenden Ort und dürfen sie erfahren. Wir dürfen lieben, leben, lachen. Unser Herz gefüllt mit Wärme, Zuneigung und unendlichem Vertrauen.

Doch manchmal kommen wir zu spät. Wir begegnen ihr und wissen von Anfang an, dass es unsere einzige Liebe sein wird. Diese Liebe, die für dein Leben, ihr Leben, euer Leben bestimmt ist, doch du kommst zu spät. Diese Liebe ist bereits besetzt.

Hoffnung.

Als Mensch haben wir es uns zur Aufgabe gemacht, einem Menschen die Treue zu versprechen, auch wenn wir diese eine Liebe finden würden - daran wollen wir uns halten.

Ist das fair? Können wir uns wirklich daran halten, wenn sie vor uns steht, diese eine Liebe?

Wir lieben, ehren und schätzen doch die Werte des Gegenübers, weil wir im Innern doch wissen, wie weh dieser Verrat tut. Doch, hört das alles auf, wenn die Liebe für diese eine Liebe einkehrt und dich übermannt?

Gegen diese eine Liebe hat die andere Realität doch gar keine Chance. Gegen diese eine Liebe sind wir machtlos. Ist die eine Liebe nicht der bildlich gesprochene Wunsch der Seele, die uns mitteilt, was wir uns so sehnlichst wünschen? Natürlich ist er das. Die Seelen wissen, fühlen und spüren sich. Sie werden immer zueinanderfinden, wenn sie füreinander bestimmt sind.

Und doch wirst du, aus der gesellschaftlich auferlegten Pflicht heraus, Wünsche zu unterdrücken, diese eine Liebe aus deinem Leben verbannen.

Du musst diese Entscheidung treffen, die nicht leichtfertig getroffen wird. Sorgfältig durchgedacht, gründlich zerdacht und sofort umgesetzt.

Diese Entscheidung entscheidet für sich selbst, weil es nur diese eine Option ist.

Du darfst nicht wünschen, du musst funktionieren.

Du darfst nicht wünschen, du musst tun.

Es geht nie etwas verloren, denn Erinnerungen und vergangene Zeiten gehen niemals weg. Mit der Zeit verblassen sie, aber sie sind ein Teil von dir und deinem Leben, denn sie haben dich zu dem gemacht, der du jetzt bist.

Vertrieben in die hinterste Ecke unseres Gedankengewirrs.

Ein Kerker in dir, in dem die Sehnsucht hinter Gittern ihr Dasein fristet.

Komm, sei frei

Komm mit mir

Hand in Hand

Laufen über weichen Waldboden

Rennen über sandige Wege

Sei bei mir

Arm in Arm

Springen über kleine Flüsse

Hüpfen über morsche Zweige

Sei fröhlich mit mir

Lache mit mir

Fallen in weiches Gras

Liegen in duftendem Blumenfeld

Nimm meine Hand

Lass nicht los

Sei **frei** mit mir

Anmutig läuft es vorweg
Stimmig eleganter Trab
Ein Schnauben, ein Peitschenhieb
Vergessene Stärke und Kraft
Gelenkt vom Ballast des Lebens
Hörig gemacht von sich selbst

Kutsche

Wir laufen durch die Welt, mit Scheuklappen und Eisen unter den Füßen, für all diejenigen, die uns im Wege stehen.
Wir treten nach links und rechts, nach vorne und hinten.
Wir steigen mit dem Versuch, entfliehen zu können.
Aber es klappt einfach nicht.
Wie vor eine Kutsche gespannt, laufen wir im Eiltempo vorweg.
Wir ziehen unsere Wichtigkeiten und unser Leben hinter uns her.
Den Ballast im Innern stets im Schlepptau.
Der Kutscher führt uns, treibt uns an und fällt uns stetig in den Rücken. Seine Freunde steigen von Zeit zu Zeit zu und es wird schwerer, immer schwerer. Voller, immer voller.

Wir rennen und rennen, so schnell wir können.

Versuchen, dem Kutscher alles recht zu machen, der jedoch unentwegt auf uns einpeitscht.

Doch je schneller wir laufen und so steiniger der Weg, desto mehr fängt die Kutsche an zu wanken.

Wird sie halten? Wird sie kippen oder sogar zerbrechen?

Werden wir es schaffen, den Ballast unbeschadeten an das erstrebenswerte Ziel zu bringen?

Belohnt uns der Kutscher, wenn wir das Tempo halten?

Oder werden die Holzräder unter der Last brechen? Verlieren wir die Kutsche?

Wird der Ballast es überleben, wenn er stürzt?

Und warum ist es uns so wichtig, den Ballast und den Kutscher zu schützen, obwohl er uns nur Leid, Schmerz und Tränen bringt?

Wir suchen unentwegt nach dem Platz, an dem wir zur Ruhe kommen können.

Der Kutscher peitscht und treibt uns immer weiter, immer schneller.

Die Lunge brennt, die Beine schwer. Der Körper kann nicht mehr. Zu schwer, zu viel. Wir brauchen Pause, Ruhe und Frieden.

Wie können wir all das finden, wenn wir um unser Leben rennen?

Wie können wir all das finden, wenn wir keine Luft mehr zum Durchatmen bekommen?

Wie können wir all das finden, wenn wir das Ziel hinter uns her ziehen, aber nie die Zeit haben, zurückzublicken?

Es ist an der Zeit, stehenzubleiben und uns umzusehen. Dem Kutscher voller Selbstbewusstsein und ohne Angst in die Augen zu sehen und ihm zu befehlen, aufzuhören uns anzutreiben, stetig mehr Ballast einzuladen und uns wehzutun. Ihm vor Augen zu führen, dass es ihm nichts bringt, denn ohne uns, kann er nicht vorwärtskommen.

Ohne uns bleibt er stehen.

Es ist jetzt die Zeit, die Kutsche zu kontrollieren und sich zu vergewissern, dass alles in Ordnung ist. Zu befehlen, dass so mancher Ballast aussteigt und zu Fuß weitergehen soll, bevor unsere Beine und die Räder der Kutsche brechen.

Die Zeit ist reif, sich selbst in die Kutsche zu setzen, Luft zu holen und sich auszuruhen. Die Zügel über die eigene Kutsche zu übernehmen und sich selbst dahin zu lenken, wo wir gern hinmöchten.

Norden, Süden, Westen, Osten – ganz egal. Wir können dahin, wohin wir wollen. Wir brauchen den Kutscher dafür nicht. Denn, durch das ganze Rennen ohne Rast, die Angst vor dem nächsten Peitschenhieb des Kutschers, haben wir vergessen, dass wir den Platz, den wir für unsere Erholung so dringend brauchen, doch bereits bei uns haben.

Wir haben bloß vergessen, dass wir es sind, die rennen können.
Wir haben bloß vergessen, dass wir es für uns tun können.
Wir haben bloß vergessen, dass wir stark sind.

Verbindung

Eine Welt, die aus dem unausweichlich ewigen Kreislauf
aus Werden und Vergehen besteht.
Veränderung - immer.
Eine Immerveränderung, der man nicht entfliehen kann.
Alles besteht aus Veränderung und Wachstum.
So auch wir.
Wir sind ebenfalls Himmel und Erde und alles dazwischen.
Wir sind unser eigener Lebensbaum.
Mit einem Blätterdach hoch im Himmel
und Wurzeln tief in der Erde.
Wir haben alle so viele unterschiedliche Facetten, die,
wenn wir sie in Einklang bringen
und unsere eigene Vielfalt in unserem Sein erkennen und
annehmen,
uns in der Mitte lebendig werden lassen.
Obwohl vieles außerhalb und in uns selbst so entgegengesetzt
wirken kann, ziehen sich diese Seiten magisch an,
ergänzen sich, gleichen sich aus, streiten sich, stoßen sich ab und
holen sich zurück wie Yin und Yang.
Alles annehmen?
Die Dunkelheit schätzen lernen,
weil man weiß, die Helligkeit kommt sowieso?
Schwer.
Aber, wenn wir Geben können, dürfen wir auch nehmen.
Und wenn wir den Mond sehen können,
wissen wir, die Sonne ist niemals weit weg.

Teil des Kreislaufes und somit die Verbindung aus Tag und Nacht,
Leben und Tod, Geben und Nehmen zu sein,
verbindet, vereinigt, bringt Frieden;
denn ohne Schlechtes kann es nichts Gutes geben.
Die Sache ist die: Die Verbindung ist das, was wir aus uns machen!
Nicht mehr und nicht weniger.

Ein Rascheln, ein Knacken

Angstverzerrtes Gesicht

Sinne geschärft

Moor

Ein falscher Schritt, ein falscher Tritt

Tastend über den Untergrund

Sinne geschärft

Irrlicht

Menschen verirren sich, fühlen sich wie ein Fehler und lassen sich von ihrem schlechten Gewissen auffressen.

Von Kindheit an wird ihnen beigebracht, was gut und schlecht, was richtig und falsch ist, ohne dass sie eine Chance darauf haben, dies selbst erfahren zu dürfen.

Richtig, falsch.

Gut, Böse.

Moral, Pflicht.

Bewusst, unbewusst.

Mit Absicht, ohne Absicht.

Grenzen überschreitend, Grenzen wahrend.

Wie kannst du wissen, dass hinter jedem Tun, hinter jedem, was als ‚Fehler' betitelt wird, nicht eine bewusste Absicht der Grenzüberschreitung steckt?

Damit wir wachsen?

Damit wir die beste Version unseres Selbstwerden?

Manchmal tun wir Dinge, aus so vielen unterschiedlichen Gründen.
Ob sie gut für uns sind oder nicht.
Ob sie gut für Andere sind oder nicht - spielt keine Rolle.
Das Gefühl, das dahinter steckt, muss das richtige sein.
Dein Bauchgefühl sagt dir früh genug, was du tun musst.
Dein Verstand zögert es hinaus.
Es könnte wieder passieren.
Du irrst umher, einen Schritt zu weit und du versinkst.
Einen Schritt zu weit und du verlierst.
Du könntest wieder verletzt werden, die gleichen Fehler machen.
Aber alles, was gut ist, muss vor dem Ego, vor dem Verstand
kommen.

Warum ist es so schwer und fühlt sich hinterher gut an?
Sage den Menschen, wenn sie schön sind.
Sage den Menschen, wenn sie gut und genug sind.
Hilf anderen, ohne etwas dafür zu wollen.
Intuitiv weißt du immer, was du tun musst.
Deine Sinne sind immer geschärft.
Du musst nur hinhören, hinsehen, hinfühlen.
Du musst nur reingehen, reinsehen, reinflehen.
Du weißt, dass du das Richtige tun wirst.

Wachstum aus allem, was wir waren, was wir sind und was wir
werden. Was, wenn es genauso kommen sollte, wie es gekommen
ist, damit du weitergehst?
Rennst, ohne Luft zu holen, um dahin zu kommen, wo du sein
musst?

Ängstlich und sorgenvoll, irrst du umher,
wie ein Irrlicht im dichten Nebel.
Wartest auf die Sonne, nennst es Unglück.
Wartest auf das befreiende Licht, das dir den Weg erleuchtet.
Du brauchst das nicht.
Du bist ein Irrlicht – du hast doch alles, was du brauchst.
Sei nicht das Irrlicht, das sich selbst und Andere im dunklen Wald
ins Moor zum Versinken leitet.
Sei das Irrlicht, das sich selbst und den Anderen den Weg hinaus
dem Schatten ins Licht erleuchtet.
Intuitiv weißt du immer den Weg.
Immer.
Du musst nur hinhören, hinsehen, hinfühlen.
Du musst nur reingehen, reinsehen, reinflehen.
Er ist da!
Finde ihn und spreng,
was dich dazu verleitet,
immer wieder im Moor zu versinken.

Gepäck

Trag mich Heim, mein Herz.
Trag mich dort hin, wo wir sicher sind.
Sicher vor uns selbst.
Sicher vor unserem Verstand.

Beschütz mich, mein Verstand.
Beschütz mich dort, wo wir in Gefahr sind.
Gefahr vor uns selbst.
Gefahr vor unserer Seele.

Fühl mich, meine Seele.
Fühl mich dort, wo andere nicht hinsehen.
Gesehen vor uns selbst.
Gesehen vor uns.

Marianengraben

Mein Freund,
haben wir uns nicht versprochen, uns nicht zu brechen?
Jetzt sitzen wir in getrennten Betten, an weit entfernten Orten und
vermissen uns. Ich weiß, dass es dir genauso geht, denn du suchst.
Du suchst mich.
Du suchst mein Herz.
Du suchst meine Seele.
Du fragst und schreist so laut – ich höre dich.
Du bettelst um Einlass, doch ich lass dich nicht.
Die Verletzung sitzt tief. Vertrauen bis ins Mark erschüttert.
Ich höre dich weinen und es zerreißt mich, aber ich kann nicht.
Dieses Mal nicht. Die Schmerzen sind zu stark.

Es verlangt mir alles ab, dich abzuweisen. Deine suchende Seele
auszusperren. Mit großen und tränengefüllten Augen steht sie vor
mir und möchte wieder rein. Rein in die Sicherheit, rein in die
Wärme meines Ichs.

Ich kann sie nicht mehr reinlassen, so gern ich sie auch mag. Doch sie ist krank und ich kann sie nicht heilen. Mein System schützt mich vor der Infektion.
Ich hab's versucht. Wirklich.
Ich habe alles gegeben. Vergeblich.
Du hast dich abgeschottet und gewehrt. Du wusstest, dass ich es schaffen kann. Du hast es gefühlt und bist süchtig danach, obwohl du mich verstößt und verdrängst.
Süchtig nach der Wärme, süchtig nach Liebe, süchtig nach dem Kampf um die Heilung deiner Selbst.
Du hast gespürt, wie schön die Freiheit ist. Du hast einen Riegel vor die Tür geschoben und mich eingesperrt. Ich bin geflohen und hab' dich nicht mitgenommen.

Es verlangt mir alles ab, dich abzuweisen. Deine suchende Seele auszusperren. Mit großen und tränengefüllten Augen steht sie vor mir und möchte wieder rein. Rein in die Geborgenheit, rein in die Wärme meines Ichs.

Die Kapuzen der Hoodies bis in die Stirn gezogen, lassen meine Beschützer dich nicht rein. Wie Türsteher stehen die schwarzen Gestalten vor dem Eingang meines Innen und sagen Nein zu dir.

Sagen Nein zu deiner Seele, die so sehr darum fleht geliebt zu werden.

Doch sie lassen sie nicht rein, egal was du tust. Sie haben Angst um mich. Angst, weil sie nicht wissen, wie viel ich noch ertragen kann. Wie viel mehr meine Seele aushält.

Bevor sie auseinanderfällt.

Bevor sie Futter für deine wird.

Bevor sie erlischt.

Ich hab's versucht. Wirklich.

Ich habe alles gegeben, mit der Hoffnung, du nimmst meine Liebe, du siehst den Kampf, den ich an deiner Stelle für dich kämpfe, und hilfst mir, bei der Heilung deiner Seele. Vergeblich.

Es verlangt mir alles ab, dich abzuweisen. Deine suchende Seele auszusperren. Mit großen und tränengefüllten Augen steht sie vor mir und möchte wieder rein. Rein in die Leichtigkeit, rein in die Wärme meines Ichs.

Wir wollten unsere Mauern aus Vertrauen und Hoffnung erbauen, weißt du noch?
Doch dein Erdbeben aus Herausforderungen ließ alles einstürzen.
Dein Erdrutsch aus Erfahrung riss alles mit sich.
Deine Naturgewalten hinterließen einen Graben aus Narben.
Und so wird er immer tiefer. Wirklich.
Deine Hände versuchen, meine zu greifen. Vergeblich.
Du erreichst mich nicht.
Wir können uns nicht mehr helfen, nicht mehr spüren.
Wir haben ihn gemacht.
Wir haben ihn gewollt.
Den Marianengraben zwischen unseren Herzen.
Den Riss im Boden zwischen dir und mir.

Und so steh ich hier.
Sehe dich aus dem Augenwinkel.
Sehe, wie du vor Verzweiflung lachst.
Sehe, wie du mir hinterherschaust.
Und es verlangt mir alles ab, dich abzuweisen und deine suchende Seele auszusperren.
Sie kniet mit tränenüberströmtem Gesicht vor mir; fleht mich an.
Sie möchte wieder rein.
Rein in die Sicherheit, rein in die Geborgenheit, rein in die Leichtigkeit, rein in die Wärme meines Ichs.
Ich möchte sie umarmen, ihr helfen und sie wärmen.
Doch ich habe die Kapuze meines schwarzen Hoodies tief in mein Gesicht gezogen.
Sie hat geliebt.
Sie hat geweint.
Sie hat geschrien.
Und sie hat sich gegen mich entschieden.

Und ich?
Ich bin nicht mehr bereit, für sie in die Tiefe zu springen.

Im Herzen, meine Seele

Und ich habe sie abgegeben
Abgetreten
Nachgegeben
Mich hingegeben
Nicht aufgepasst
Und ich hab sie dir gegeben
Ausgehändigt
Hergegeben
Mich geopfert
Nicht nachgedacht
Abgegeben
Abgetreten
Voller Liebe
Voller Vertrauen
Ausgehändigt
Hergegeben
Voller Zuversicht
Voller Angst
Im Herzen, meine Seele
Das Herz bin ich
Die Seele bist du
Du bist, Du bleibst
Auf immer im Herzen, meine Seele

Nimm die Farbe in die Hand und
Hinterlass' einen Abdruck auf weißer Wand.

Zuhause

Du schließt die Tür hinter dir.
Sie fällt ins Schloss und endlich kannst du sein.
Deine vier Wände geben dir Sicherheit.
Die Sicherheit, dass du in Ordnung bist, so wie du bist.
Der Außenwelt die Existenz versteckt.
Rollos verdunkeln die Räume.
Sichtbar gewordene Mauern aus dickem Stein.
Keine Spur von dir im Außen, nur im Innen die Furcht verborgen.
Die Gedanken kreisen, es ist wieder so weit.
Festgesteckt im Hier und Jetzt.
Einbildung, Vorgeschichte, Vergangenheit?
Nein. Es ist doch Wahrheit, individuell und subjektiv.
Erwartungen hoch geflogen und doch nur einen Meter.
Kann es falsch sein, wenn sich eine Wahrheit so anfühlt?

Die Wände gestrichen in der Farbe des Waldes.
Für deinen Seelenfrieden im Inneren des Zuhauses.
Du kannst die Kiefern riechen.
Das Grün der Auen.
Die Bilder an der Wand – Erinnerungen einer Wanderung.
Ruhe.
Du blickst dich um und spürst die Leere.
Etwas fehlt.

Aus »Zeit« wird »Vielleicht«.
Aus »Ich bin da« wird »Wenn ich kann«.
Aus »Jetzt« wird »Bald«.
Und aus »Ich liebe dich« wird »Selbstverständlichkeit«.
Erwartungen nur noch einen halben Meter hoch und fallen tief.
Kann es falsch sein, wenn die Wahrheit so aussieht?

Ein Mensch.
So bekannt und so geliebt.
Du weißt, wo du ihn finden kannst, doch bleibt er auf ewig
unerreicht.
Die Umarmung, die er schenkt.
Die Worte, die er flüstert.
Deine Seele, die er sieht.
Wände nicht aus Stein und Beton.
Boden nicht aus Holz und Stoff.
Zuhause aus Fleisch und Blut.
Hinter diesen Augen das Herz geklaut.
Verständnis mit nur einem Blick.
Ein Gefühl der Verbundenheit ohne Worte.
Kein gesagtes Wort kann ersetzten, was ich dir gebe.
Kein gesagtes Wort kann ersetzten, was du verstehst.
Ein Lachen, ein Kopfschütteln, eine Umarmung.
Ein geneckter Spruch, ein liebevoller Schlag auf den Oberarm.
Ein Kampf der Gedanken um dich.
Ein Zuhause, das sein sollte, aber nicht sein kann,
denn den Preis für dich kann ich nicht zahlen.

Ich schließe die Tür auf – für dich.

Ich würde so gern ein Zuhause sein – für dich.
Du schließt die Tür hinter dir.
Sie fällt ins Schloss und endlich können wir sein.
In den vier Wänden, die uns Sicherheit geben.
In den vier Wänden, in denen wir unser Leben leben.
Ich wünschte, du könntest mein Zuhause sein.
Bitte, bitte nimm doch die Farbe in die Hand und hinterlass' deinen
Handabdruck auf meiner Wand.
Erinnerungen an unsere Wanderung.
Wir zwei, im Land der Auen.
Ich kann es riechen bis hierher.
Die Kiefern des Waldes.
Den Regen auf frisch gemähtem Gras.
Dein Parfüm auf meiner Haut.
Ruhe.
Ich blicke mich um und spüre dieses Glück.
Alles ist da.

Aus »Endlich« wird »Immer«.
Aus »Du fehlst mir« wird »Bis später«.
Aus »Ich bin sofort da« wird »Gute Nacht«.
Und aus »Einzelkampf« wird »Wir schaffen das«.
Kann es falsch sein, wenn die Wahrheit Taten schreibt?
Erwartungen am Boden zum Erliegen gekommen.

Ich schließe die Tür hinter mir.
Sie fällt ins Schloss und ich bin allein.
Die Rollos lassen kein Licht mehr durch.
Der Duft der Kiefern und des Parfüms – eine Erinnerung.
Meine vier Wände geben mir keinen Halt.
Jener Halt, der mir sagt: »Du bist zuhause«.
Ein Zuhause aus Fleisch und Blut.
Ein Zuhause aus dem, was ich bin.
Ein Zuhause, das ich für dich öffnen kann.
Ein Zuhause, das im Spiegel nicht fremd erscheint.
Ein Zuhause, in dem ich sein kann, mit mir, in mir.

Umbra

Jeder hat doch diesen Fleck, oder?
Diesen Fleck im Herzen, auf der Seele.

Diesen Fleck,
der einen oft zweifeln lässt,
der einem Dinge zuflüstert, die aus seiner Sicht heraus Angst
schüren sollen und für ihn Berechtigung haben.

Und dann?
Dann tun wir Dinge nicht,
die wir eigentlich gern tun wollen, die den Fleck vergrößern und
dich allmählich verstecken.

Der Fleck an sich kann nichts dafür.
Gib ihm keine Schuld.
Er wurde dir dahingesetzt.
Ich denke, er wollte auch nicht da sein.

Betrachte ihn – jeder Fleck ist ein Rorschachtest – was siehst du?
Verzeih ihm.
Nimm ihn in den Arm.
Liebe ihn.

Und da er nun ein Teil von dir ist,
kannst du ihn auch genau zu dem machen,
zu dem du ihn machen willst.

Hab Lust, aus ihm die Sonne zu machen,
die DU verdient hast zu sein.

Ich werde Dich einfangen

Ich werde Dich einholen

Warte es ab. ich krieg Dich schon

Du kannst mir nicht entfliehen

Du kannst dich nicht vor mir verstecken

Ich bin stärker. als Du denkst

Liebe

Liebe, eine Sprache der Höflichkeit, Hilfsbereitschaft und die Form der Zuneigung und des Respekts.

Liebe.

»Liebe ist eine Entscheidung, kein Gefühl.«

Die Gefühle spielen in einer unteren Liga und geben den ausschlaggebenden Reiz für die Liebe.

Jedoch kann jeder ewig Gefühle für etwas haben, aber es niemals lieben.

Liebe ist die bewusste Entscheidung für Vertrauen in allen Bereichen.

Liebe ist der Anfang des Lebens.

Denn, was ist ein Leben ohne Liebe?

Triste Kahlheit einer schier unendlichen, nicht endenden Traurigkeit.

Eine sich selbst ablehnende Haltung, die darauf basiert, keine Entscheidung für sich treffen zu wollen. Denn auch, wenn entschieden wird, eine andere Person zu lieben, ist diese Liebe immer eine Entscheidung für sich selbst. Eine Entscheidung dafür, das Leben in allen Facetten zu erleben. Leid und Schmerz für den anderen zu ertragen, Freude und Glück zu teilen und zu Vertrauen - so tief, dass es nie infrage gestellt werden kann.

»Ich mag dich, aber ich liebe dich nicht.«

Viele Menschen denken doch, wenn man sich auf einen anderen Menschen einlässt, muss man nach einem Monat bereits wissen, ob man diesen Menschen liebt.
Nein.
Das ist Quatsch.
Man kennt diesen Menschen nicht – und auch, wenn man niemanden jemals wirklich kennen kann, sind es nach so kurzer Zeit doch eher die Gefühle, oder?
Rosa Brille kickt, Schmetterlinge schlüpfen, der Verstand benebelt, die Hände zittrig. Herz rast vor Vorfreude und lässt dich schweben.
Gefühle für die Person, die die Pforten zur Liebe öffnen.
Denn, was ist eine Liebe ohne Gefühle?
Welch Wendung.
Gefühle ohne Liebe möglich, Liebe ohne Gefühle unmöglich.
Eine sich nicht gegenseitig aufgehobene Gegebenheit, die ungeachtet aller Maßnahmen passiert.

»Ohne Liebe oder sowas!«

Wie kann es gehen? Ohne Liebe?
Verletzungen alter Liebe machen kalt.
Vertrauen in das Gute der Liebe lassen auf Distanz gehen.
Der Glaube daran, dass es jemals anders sein kann, übersteigt das Denken.
Lieber allein statt zu zweit.
Allein kann das nicht passieren. Allein bin ich sicher.

»Liebe macht blind. Benutze den Verstand!«

Verstand kann nicht bedingungslos handeln. Dafür ist er der Verstand. Das so hochgelobte Rationale. Schon erstaunlich, dass der Verstand mit rational beschrieben wird.
Wieso sollten die beiden, in einem Körper innewohnenden Gegebenheiten, sich gegenseitig aufheben?
Kann ich eine angebliche rationale Entscheidung treffen, wenn ich niemals Liebe gespürt habe?
Aus reiner Logik heraus?
Unwissend der fühlenden Welt?
Rationalität soll doch alles einbeziehen, um eine dem Zwecke dienende Entscheidung treffen zu können. Absichtlich!
Wie kann es also sein, dass der Verstand durch die Liebe ausgeschaltet werden kann?
Die Antwort ist so simple wie einfach.
Weil der Verstand ganz genau weiß, dass sie mehr als wichtig ist!
Wichtig für das Überleben.
Wichtig für das Miterleben.
Wichtig für das Leben.
Würden wir alle wieder anfangen, mehr zu lieben und weniger vor ihr weglaufen, uns wieder mehr auf Vertrauen, Respekt und Zuneigung fokussieren, anstatt auf Tinder das Aussehen wegzuswipen, dann wäre die Welt bestimmt ein friedlicherer Ort.
Wir würden aufhören, nur zu Lieben, was wir sehen.
Wir würden wieder anfangen, zu Lieben, was wir fühlen.
Denn fühlen ist sehen – nur besser.
Mit den Augen fühlend sehen.
Mitgefühl. Liebe.
Die vertraute Unsicherheit wäre nicht mehr sicher.
Zwischenmenschliche Beziehungen wären wieder echter.
Der Mensch im Sein würde wieder in den Mittelpunkt rücken.

Der Glaube daran, dass Liebe alles heilen kann und alles andere folglich keinen Sinn ergibt.

Hass propagiert Stärke.
Liebe ist Stärke.

Auf immer wir

Ein Stein

In einem tiefen Meer
Nicht sichtbar
Nicht erreichbar
Tief am Grunde der Erinnerung
Tief im Inneren der Seele
Er liegt sanft und leise schaukelnd im Strome der Gezeiten
Übersteht jeden Kampf
Übersteht jede Zeit
Tief am Grunde der Erinnerung
Tief im Inneren der Seele
Nicht sichtbar für das Auge
Nicht erreichbar für die Hände
Erreicht das Gefühl
In Träumen rennend um die Welt

Ein Stein

In einem tiefen Meer
Ein Meer, aus allem was wir sind, was wir waren

Ein Stein

In einem tiefen Meer
Das Meer bist du, das Meer bin ich
– auf immer wir

Du lädst mich ein auf diesen Ball
Auf diesen Maskenball
Versteckt hinter hübschem Glanz
Du reichst mir die Hand für diesen Tanz
Für diesen einen Tanz
Versteckt hinter hübschem Porzellan

Mask off

Und die Maske ist gefallen.

Am Ende fällt die Maske eines Spielers immer. Er ist und bleibt eben ein Spieler. Auch sie können auf Schwarz setzen und verlieren - wenn du besser bist.

Einen guten Spieler erkennst du daran, dass, im ersten Augenblick, alles stimmig erscheint.
Casinonacht.
Das berauschende Unbekannte rast durch deine Adern. Kribbeln auf der Kopfhaut, es pulsiert in deinem Körper. Ein Sausen in den Ohren durch die Spiele, die euch umgeben.
Er reicht dir mit bittersüßem Grinsen seine Hand für dieses Spiel.
Mit einem gewinnenden Würfelwurf zeigt er dir: »Vertraue mir«.
Du verfällst in einen Rausch der Vertrautheit, der Zuneigung und bist verwundert darüber, dass dein Bauchgefühl dir sagt, dass du laufen und nicht vertrauen sollst.
»Renn«, schreit es dich an; laut und deutlich.

Aus Erfahrung weißt du, dass dein Bauchgefühl Angst hat. Angst, dass sich die Vergangenheit wiederholt. Angst, dass alles nochmal passiert. Und das, willst du nie mehr erleben. Es hat dich zerrissen und du puzzelst dich noch immer zusammen. Also triffst du die Entscheidung. Die Entscheidung, endlich wieder zu vertrauen. Endlich wieder zu tanzen.

Ist es das? Das letzte Puzzleteil?

Nicht nur einem Fremden, sondern auch dir selbst vertrauen?

Manchmal denkst du, dass du es schaffen kannst, doch die innere Stimme sagt dir immer wieder, dass du alles hinterfragen musst.

Doch hinterfragen raubt Energie. So viel Energie.

Es gehört zum unbekannten Spiel, das ihr gleich spielen werdet.

Einer raubt, einer gibt.

Einer schafft, einer bricht.

Einer führt, einer folgt.

Einer gewinnt, einer verliert, denn unentschieden gibt es nicht.

Du drehst und wendest dich.

Unbewusst ermahnst und wehrst du dich.

Hast das Gefühl, der Verstand versagt.

Er zieht erneut und erhöht den Einsatz.

Schwindel breitet sich aus.

Die Welt verschwimmt vor deinen Augen.

Du weißt nicht mehr, was Realität ist.

Du weißt nicht mehr, was du glauben kannst.

Du spürst die Lüge, doch erkennst die Wahrheit nicht – noch nicht.

Das Rad liegt in der letzten Runde, die Kugel bereits gesetzt.

Mit einer Verbeugung kündet er das Ende an.

Anfang und Ende, gleiche Geste.

Tritt zurück und sieh dich nochmal um.

Tritt auf die Bremse. Gönn dir ein Time Out.

Du warst gut, so gut.

Seine Blicke haben es dir verraten. Seine Blicke voller Erstaunen, Bewunderung und Abscheu. Er wird dich wieder reinziehen. Es war noch nicht das letzte Spiel. Achte darauf, wie er es dieses Mal tut.

Der nahende Kontrollverlust des Spielers deckt seine Fehler auf.
Deckt seine Lügen auf. Deckt seine Schwächen auf.
Atme durch, nutze die Pause und achte auf die Lücken in der Maske.
Ich weiß, du kannst sie sehen.
Die Bruchstellen, die Risse in der Haut.
Sie ziehen sich wie tiefe Gräben durch sein Gesicht.
Die Maske des Spielers verrutscht, mit jedem geheimen Ass.
Die Maske des Spielers zerbricht, mit jedem unwahren Stich.
Die Maske des Spieles zerfällt, mit jedem neuen Deck.

Dein Talent, auf die kleinen Dinge zu achten, hinterlässt Risse in der Maske.
Sie droht bald zu zerfallen, gib nicht auf. Sei stark.
Du kannst es aushalten, denn du bist stärker als das. Du weißt das.
Tief im inneren hast du es bereits gesehen, hast du es gehört. Deine Stärke ist Fühlen.

Plane deine nächsten Schritte – du kennst dein Gegenüber.
Besser als du denkst und er erahnt.
Du kennst ihn, auch wenn er nur schwer hinter die Maske blicken lässt. Du hast ihn gesehen, auch wenn er sich versteckt. Du weißt wie er spielt, auch wenn du ihn nie wirklich hast spielen sehen.
Und doch hat er dir alles gegeben. Er hat dir gezeigt, wo seine Schwächen liegen. Er hat dir offenbart, was für ein Spieler er ist. Er hat dir alles gegeben; mit Freude und er hat sich selbst dabei beobachtet. Er ist sich zu sicher, dass du die Zeilen dazwischen nicht lesen kannst. Er ist sich zu sicher, dass du schwach bist. Er ist sich zu sicher, dass du seine Karten nicht lesen kannst. Er ist sich zu sicher, dass er gewinnt.

Du weißt und hörst mehr, als du sagst. Er wird sich zeigen. Du wirst wissen, welchen Schritt du als Nächstes gehen musst. Sei der Springer, sei der Turm, sei der Bauer. Sei alles in der richtigen Reihenfolge.

Setze ihn in seinem eigenen Spiel Schachmatt; er wird sich dir zeigen.

Er wird zeigen, wer er wirklich ist.

Ein Spieler, dessen Maske aus Lügen geformt.

Ein Spieler, dessen Wille es ist, niemals sein Gesicht zu verlieren.

Ein Spieler, der zu früh All-in gegangen ist.

Ein Spieler, der entblößt zu dir aufschaut, weil du gewonnen hast.

Seelenfrost

Eiskalt
Leere gefüllt
Kälte gewärmt
Verbindung, die nicht bindet
Seil, das nicht knüpft
Anker, der nicht greift

Ich spüre dich nicht mehr
Sag mir, wo du bist
Bist du da?
Ich spüre uns nicht mehr
Sag mir, was du denkst
Bist du da?

Eiskalt
Sonne dunkel
Nacht tageshell
Schatten, nicht sichtbar
Band, das trennt
Platzhalter, der vereint

Ich fühle dich nicht mehr
Sag mir, wie es dir geht
Bist du noch da?
Ich fühle uns nicht mehr
Sag mir, was passiert ist
Bist du noch da?

Wir müssen nicht verstehen, um zu sein,

aber wir müssen sein, um zu verstehen.

Herz-Ich-Kopf-Leben

Ich habe die Fragen gestellt: »Was kann ich tun? Wie kann ich dir helfen?« und die Antwort darauf war: »Sei einfach!«
Dann habe ich die Frage gestellt: »Warum sind wir so?« und die Antwort darauf war: »Change your attitude. Frag' lieber: Warum sind wir nicht so?«
Und nun stelle ich mir selbst die Frage: »Ja, warum sind wir nicht so und sind einfach?«, und die Antwort darauf lautet: »Weil wir so viel mehr sind, als wir denken, was wir sind!«

Wir sind…

… Herz, welches fühlt, liebt, trauert, verloren und hilflos sein kann, weint, schreit und lacht.

Strahlt und schlägt – mal schnell, mal langsam.

Es vertraut und hält uns am Leben.

Pumpt und arbeitet – für uns. Für unser Überleben.

Das Herz, welches doch ‚einfach' gefühlt werden will.

Das Herz, welches sich Kribbeln und Wärme ersehnt.

Das Herz, welches ein Zuhause sucht.

Das Herz, welches aushält und niemals versucht aufzugeben.

Das Herz, welches die Frage nach dem »Warum sind wir so?« stellt.

… Ich, welches zwischen Herz und Kopf steht.

Den richtigen Weg rausfiltern muss.

Den Weg zwischen fühlen und denken, subjektiv und objektiv, irrational und rational.

Zwischen Realität und Illusion.

Das Ich, welches tanzen und lachen möchte.

Das Ich, welches dem Herzen Freiheit schenken und dem Kopf einen Raum bieten mag.

Das Ich, welches die Vergangenheit gespürt hat, die Gegenwart lebt und die Zukunft formt.

Das Ich, welches doch ‚einfach' gelebt werden will.

Das Ich, welches die Frage nach dem »Warum sind wir nicht so und sind einfach?« stellt.

… Kopf, welcher denkt, betrachtet, lernt.

Liest, hört, riecht, ordnet und sortiert.

Ablage für Ablage durchgeht und synchronisiert.

Erfahrungen aus Scham, Angst, Freude, Glück und Mut analysiert.

Der Vergangenheit ins Unterbewusstsein trägt, für die Gegenwart hervorhebt und uns für die Zukunft schützt.

Der Kopf, welcher ratlos dasteht, weil das Wissen nicht verstanden wird und uns ermutigt, zu tun, was ihn verstehen lässt.

Der Kopf, welcher die Frage nach dem »Was kann ich tun? Wie kann ich dir helfen?« stellt.

Und eigentlich müssen wir doch nur von allem ein bisschen nehmen und haben die perfekte Lösung, um uns selbst im Sein zu verstehen.

Ozean

Lasse alles hier
Das Meer kann tragen, was ich nicht mehr tragen kann
Lasse meine Gedanken frei

Schreie meine Wut hinaus in die Wellen
Weine meine Enttäuschung hinaus in die Weite
Flehe meine Sehnsucht hinaus in die Fluten
Was übrig bleibt?
Eine kleine Muschel im Sand

Lasse alles hier
Der Deich wird aufhalten, was ich nicht mehr aufhalten kann
Lasse meine Gedanken frei

Fahre heim, mit frischer Luft
Fahre heim, mit salzigem Geschmack
Fahre heim, mit sandigen Schuhen
Fahre heim, ohne Dich

Habe alles dagelassen
Für einen Wellenschlag
Für einen Augenblick
Für einen Moment
Für mich

Träume, Wünsche und Freiheit kennen keine Erziehung

Kennen keine Religion, keine Herkunft

Sie stehen für das, was du wirklich bist

Sie sind der Körper, der dich vorwärtsbringt, ohne einen Schritt gegangen zu sein

Heilung

Bei welchem Sturz bist du kaputt gegangen?
Wann hast du dich in diesem Wahnsinn verloren?
In jeder selbst geschaffenen Schmerzsituation zerspringst du weiter.
Es wird immer schwerer, dich zusammenzusetzen.
Oder redest du dir ein, dass du mehr dieser Verletzungen brauchst,
um zu dir zu finden und dich besser verstehen zu lernen?

Heilung ist ein langwieriger Prozess.

Du schneidest dir in den Finger und dein Körper fängt an, die
Wunde zu schützen. Ganz automatisch.
Du merkst nicht, wie viel Energie es dem Körper kostet.
Er macht es still und heimlich.
Neben all den anderen Funktionen, die dich am Leben halten.
Er will Schlechtes ausspülen und etwas um die Wunde legen, damit
nichts von außen hineingelangen kann, das dich dein Leben kostet.

Du brichst dir ein Bein und dein Körper fängt an, die Knochen zu schützen. Ganz automatisch.

Er will unbedingt wieder heile sein und bildet aus allem, was ihm zur Verfügung steht, neue Knochen, damit die getrennten Teile wieder zusammenwachsen können.

Manchmal benötigt er Hilfe von außen, aber den Rest, leistet er ganz von allein. Für dich. Damit du wieder ganz werden kannst.

Dein Herz wird gebrochen.

Deine Seele wird verletzt.

Dein Ich splittert.

Du gehst verloren in dir selbst.

Wie heilen diese Verletzungen?

Der Körper kann nichts ausspülen und um die Wunde legen.

Er kann nichts bilden, um Teile wieder ganz werden zu lassen.

Ein gebrochenes Herz und eine verletzte Seele sind Bestandteile von dir, aber nicht von deinem Körper.

Sie sind in der Haut, in den Knochen und in deinen Sehnen. Sie gehören deiner Lunge, deinen Augen und deinem Blut; gehören jedoch nicht zur Anatomie.

Bist du es, der diese Verletzungen heilen muss?

Aber bist nicht du dein Herz und deine Seele?

Du bist gebrochen und verletzt.

Bist du selbst der Körper, der etwas um die Wunden legen und Schlechtes ausspülen muss, um zu heilen?

Bist du selbst der Körper, der etwas Neues erschaffen und bilden muss, um die gebrochenen und verletzen Teile wieder zusammenzusetzen?

Wie kannst du ein Körper sein, wenn du in einem Körper wohnst, der es nicht schafft? Wenn die Verletzung zwar zu dir gehört, aber nicht zu deinem Körper?
Wie kannst du etwas Getrenntes zusammensetzen, wenn du kein Körper bist, der etwas zum Zusammensetzen bereit hält?
Wenn du die Verletzung bist, wie kannst du der Körper sein, der sie heilt?

Bist du Verletzung oder bist du Körper?

Du kannst lernen.
Du wirst verstehen.
Du kannst entscheiden.
Du bist beides. Du bist einzeln.

Existenz

Du sagst, du gehst in der Gesellschaft unter
Du sagst, du fühlst dich allein unter allen
Du sagst, du wirst nicht gesehen

Du fragst, wie du etwas sein kannst
Du fragst, wie du dich behaupten sollst
Du fragst, wie du das nur schaffen sollst

Du denkst, du wüsstest nicht wer du bist
Du denkst, du wüsstest nicht was du willst
Du denkst, du wüsstest nicht wo du anfängst

Du bist doch all das und noch so viel mehr

Du bist das einzige Selbst,
das je existiert hat, existiert und existieren wird

Weit draußen in der Galaxie
Im Schutze der Nacht
Unter den Sternen der Himmel
Finden wir uns und laufen auf den Ringen des Neptun Rollschuh

Zelt

Es ist oft so, dass uns etwas herausfordert und wir dem zunächst hilflos gegenüberstehen.
Alles kommt auf uns zu wie eine Prüfung. In etwa so: »Hallo, hier sind deine Fehler, hier ist deine Vergangenheit, hast du schon genug gelernt oder brauchst du noch eine Runde? Schauen wir es uns an.« Du weißt nicht, wo du anfangen sollst, dich zusammenzusetzen. Von nun an spürst du diese Sehnsucht nach dir selbst.

Und plötzlich sitzen wir in diesem Zelt.
Weit draußen in der Dunkelheit.
Weit weg von der Stadt.
Geschützt von weichem Stoff.
Umgeben von den Geräuschen der Nacht.
Adrenalin schießt durch den Körper.
Mit jedem ungewohnten Knacken.
Die Welt liegt dir zu Füßen.
Die Freiheit zum Greifen nah.
Lass uns den Reißverschluss öffnen.
Komm schon, lass es uns tun.
Die Ewigkeit hier drinnen dauert schon eine Unendlichkeit.
Die Sonne wird kommen.
Lass uns fliegen.
Lass uns entkommen.
In die Kühle der Nacht.
Unbemerkt entkommen.
Lass uns fliegen.
Hinauf zu den Sternen über uns.

Es ist oft so, dass uns etwas niederschlägt und wir dem zunächst überfordert gegenüberstehen.

Alles kommt auf uns zu wie ein Test. So ganz nach dem Schema: »Bitte kreuzen Sie die richtige Antwort an. 1, 1 oder 1. Bei richtiger Lösung erhalten Sie plus minus 1 Extrapunkt. Viel Erfolg!«

Du weißt nicht, wo du anfangen sollst; du verstehst die Frage nicht. Von nun an spürst du diese Sehnsucht nach Freiheit.

Und plötzlich sitzen wir vor diesem Zelt.
Weit draußen in der Dunkelheit.
Weit weg von den Lichtern der Stadt.
Beschützt durch eine wärmende Wolldecke.
Umgeben von den Düften der Nacht.
Dopamin schießt durch den Körper.
Mit jedem kribbelnden Gefühl.
Die Welt liegt am Horizont.
Die Freiheit nur ein Schritt entfernt.
Lass uns das Lagerfeuer löschen.
Komm schon, lass es uns tun.
Die Unendlichkeit hier draußen dauert schon eine Ewigkeit.
Der Tag wird kommen.
Lass uns rennen.
Lass uns leben.
In der Dämmerung der Twilight-Zone.
Unbemerkt zur Galaxie.
Lass uns über dem Himmel schweben.
Hinauf zum Neptun in den Sternen.

Laut genug

Bin ich laut genug?
Ich bin laut genug!
Für mich.
Für mein Herz.
Für meine Seele.
Denn das, was bleibt, wenn alles geht, bin ich selbst.
Und egal, wie ich zu mir stehe, ich finden den Weg.
Den Weg, der mich stolz macht, jede Nacht.
Den Weg, der mich wachsen lässt, jede Nacht.
Den Weg, der mich fordert, jede Nacht.
Ich warte nicht darauf, dass ihn mir jemand zeigt.
Ich bau' ihn mir selbst.
Aus alldem, was um mich herumliegt.
Aus Schutt und Asche wird eine Wiese.
Aus Stein und Geröll ein Gehweg.

Bin ich laut genug?
Ich bin laut genug!
Für mich.
Für meinen Weg.
Für jeden meiner Schritte.
Ich habe meinen Weg gefunden.
Ich habe ihn mir gebaut.
Mit Zurückfalltreppen, Falltüren und Labyrinthe.
Gehe den Weg, der mich stolz macht, jeden Tag.
Gehe den Weg, der mich wachsen lässt, jeden Tag.
Gehe den Weg, der mich fordert, jeden Tag.
Genau diesen Weg, der mich jedes Mal ein Stück näher zu mir
bringt.
Und es ist egal, wie lang er wird, ich werde ihn gehen.
Denn ich bin laut genug.
Laut genug, um mich zu hören.

Und solange ich kein Echo höre, bin ich nicht am Ziel.

"Tick Tack", sagt die Uhr zur Zeit.

"Du hast noch Zeit", antwortet diese der Uhr.

"Nicht unendlich", warnt die Uhr.

"Aber endlich, und das reicht für die Unendlichkeit!"

Licht in dir

Und am Ende der Zeit fängt die Uhr von vorne an.

Manchmal musst du nochmal zurück, um etwas abzuholen, das du dort vergessen hast. Meist ist es etwas von dir selbst, von dem du dachtest, du brauchst es nicht mehr, weil jeder dir gesagt hat, dass es nicht richtig ist, dass du es hast. Aber, du allein bist der einzige Grund für deinen eigenen Weg - zu jeder Zeit.

Du musst zurück in deine Umlaufbahn. Außerhalb deines Kreises bist du verloren in der Schwerelosigkeit ohne Auf- und Abtrieb. Sich selbst vergessen im Kreise der Anderen. Funktionierendes System mit Zahnradmenschen ineinandergreifend ohne Hilfe. Zahn gebrochen, weggeschmissen, aufgegeben.

Du kannst nicht aufgeben.
Du darfst dich nicht aufgeben.
Wir können uns nicht aufgeben.
Wir dürfen uns nicht aufgeben.

Wir geben Anzeigen auf.
Wir geben Bestellungen auf.
Wir geben Vergangenheit auf.
Wir geben Beziehungen auf.
Wir geben Menschen auf.
Wir geben Zuhause auf.
Wir geben Leben auf.

Du kannst nicht aufgeben.
Du darfst dich nicht aufgeben.
Wir können uns nicht aufgeben.
Wir dürfen uns nicht aufgeben.

Die Zeit ist abgelaufen im Kreise derer.
Geh' zurück in deine Umlaufbahn, außerhalb der Komfortzone derer, die den Nutzen aus deinem Licht ziehen.
Mach' dir bewusst, dass am Ende der Zeit, die Uhr von vorne anfängt.
Zieh' die Spieluhr nochmal auf und die Melodie deiner Selbst fängt zu erklingen an.
Dreh' die Sanduhr erneut um und dein Leben glitzert im Glanz deines Seins auf dich herab und umhüllt dich wie eine schützende Mauer.

Stark für Dich

Und du weißt,
Ich bin stark genug!
Ich bin stark genug – für dich.
Ich bin stark genug, um deinetwillen.
Ich bin stark genug, um deine Lasten zu tragen.
Ich bin stark genug, um die Schwärze von dir zu nehmen.
Ich bin stark genug, um dir den Weg nach draußen zu zeigen.
Ich bin stark genug, um den Weg mit dir zusammen zu gehen.
Ich bin stark genug, um dein Fels in der Brandung zu sein.
Ich bin stark genug, dich aufzufangen, wenn du fällst.
Ich bin stark genug, um dir Geborgenheit zu geben.
Ich bin stark genug, um dein Safe-House zu sein.
Ich bin stark genug, um dich zu beschützen.
Ich bin stark genug – für uns beide.
Ich bin stark genug!

Aus Überleben Leben machen

Das würde reichen, um zu leben

Es soll nur aufhören

Es soll scheinen

Groß und stark

Leuchtend hell

Wie Pluto

Pluto

»Ich möchte nicht hier sein. Ich möchte weg von hier«, flüsterte sie leise und mit gesenktem Kopf.
Theatralische Gestiken mit Kopf und Hand unterstrichen ihre Dramaturgie.

»Wo möchtest du denn nicht sein? Nicht hier bei der Arbeit? Nicht hier Zuhause? Nicht hier in Deutschland oder nicht hier auf Planet Erde?«, fragte das Echo aus dem Off, das die innere Stimme symbolisierte.

Die Bühne war leuchtend in Szene gesetzt. Der Scheinwerfer glitt über das Bühnenbild mit tausenden Sternen des Universums hinweg und hielt auf dem Mädchen inne. Reich geschminktes Gesicht und in wohlhabende Kleider gehüllt, kniete sie in der Mitte des Bühnenbodens.

»Jetzt Momentan fühlt es sich nach nicht Erde an.

Pluto wäre schön. Er wurde diskriminiert und ihm wurde der Planetenstatus entzogen, weil er den Menschen als Planet nicht gut genug war.

Ich fühle Pluto und ich denke, Pluto und ich würden uns gut verstehen.

Nervt es nicht, dass wir nicht sein können, was wir wollen, weil wir sind, was wir sein sollen? Sind wir wir selbst und handeln wir wie wir selbst oder sind wir ausschließlich die Summe der Worte und Handlungen anderer?«

Sie sprang auf, stolperte fast über die Kleiderpracht und rannte von links nach rechts – die Hand stetig voraus. Sie blieb inmitten der Bühne stehen und zog mit ihren Armen einen imaginären Bogen über das Sternenbild.

Das Off schaute verdutzt hinter dem Vorhang des Lebens hervor. Es sah auf seinen Text und schüttelte den Kopf. So stand das aber nicht im Drehbuch! »Das musst du mir bitte genauer erklären,« sagte es mit verwirrter Stimme.

Den Zuschauenden zugewandt, warf sie ihnen einen tränenverhangenen Blick zu, senkte den Kopf und sagte: »Ich kann das hier auf der Erde so nicht mehr. Wisst ihr, Pluto ist was er ist - ein Planet. Und ich denke, er will es auch sein, weil es das ist, was sein Naturell ausmacht, was er von sich selbst erwartet.

Doch, die Menschheit wollte ihn so nicht haben, weil er zu klein ist, zu weit weg und so machten sie aus ihm das, was er für sie sein soll. Menschen machen sich alles passend, was ihnen nicht passt – ohne Rücksicht, ohne darüber nachzudenken, was als gegeben bereits existiert.

Pluto wehrt sich eine Zeitlang, doch irgendwann gibt er einfach auf, weil mittlerweile jeder weiß, wer und wie er ist (was er sein soll). Dem Druck von außen kann Pluto nicht standhalten und so wird aus dem einst 9ten Planeten des Sonnensystems, ein kleiner unbedeutender Punkt irgendwo im Nirgendwo am Rande des Universums.

Einer unter vielen.

Ist es nicht so, dass der Unmut und die Scham, die wir so oft in uns spüren, daher rührt, dass wir von den Mitmenschen anders gemacht werden, als wir wirklich sind? Und ist es nicht so, dass sich unser Selbst dann schämt, wenn es sich zeigen muss?

Den Ansprüchen und Erwartungen nicht genügend, denen wir jedoch aus anerzogenem Grund nachkommen müssen.

Wir vergessen uns selbst und werden vergessen.

Wir verleugnen uns selbst und werden verleugnet.

Wir manipulieren uns selbst und werden manipuliert.

Für was?

Für Machtverhältnisse, die menschengemacht und ausnahmslos des Vergnügens und der Bereicherung des anderen dienen müssen.

Es gibt doch kein Richtig und kein Falsch mehr, wenn beides eine Lüge sein kann.

Wir sollten aufhören, uns selbst zu belügen. Warum ist es so schwer, viele Dinge auszusprechen, obwohl wir unter dieser Last fast zerquetscht werden? Was ist so schlimm daran? Wir haben es doch alle bereits in uns. Wir sind doch bereits das, was wir in unseren Köpfen und in unseren Herzen sind.

Kein Wollen, keine Wahl. Ein Muss.«

Sie stand mit Tränen überströmtem Gesicht im Scheinwerferlicht. Die Zuschauer waren verstummt und rührten sich nicht. Einige hatten selbst Tränen in den Augen und nickten, andere fassten sich an die Brust oder schnieften in ein Taschentuch.

Das Off hatte das Drehbuch des Lebens zur Seite gelegt, sich neben sie gestellt und sah sie aus dunkel funkelnden Augen an. Dann richtete es die Aufmerksamkeit an die Zuschauer, räusperte sich und sagte: »Applaus, meine Damen und Herren. Applaus für diese grandiose schauspielerische Leistung unsers Ausnahmetalents. Applaus.«

Während die Zuschauer von ihren Stühlen aufsprangen, pfiffen und wie wild klatschen, flüsterte das Off ihr mit zischendender Stimme ins Ohr: »Willst du für den Rest deines Lebens einsam und allein sein? Willst du immer das merkwürdige und ausgegrenzte Mädchen mit der Sturheit und dem fehlenden Sinn für Realität sein? Willst du auf ewig die Träumerin bleiben und nie Erfolg haben? Ausgegrenzt und verhöhnt durch die Gesellschaft? Nein? Dachte ich mir. Also nimm das Drehbuch des Lebens, lies es und handle danach! Andernfalls wird es so kommen.«

Neustart

Jeden Tag wachen wir auf und jeden Tag sind wir jemand anderes.
Der vorherige Tag hat uns zu jemandem gemacht,
der wir vorher nicht waren.
Ganz von allein.
Ohne viel Aufwand.
Ohne das wir das wollen.

Jeden Abend schlafen wir ein und jeden Abend sind wir wir.
Der morgige Tag kommt noch früh genug,
um jemand anderes zu werden.
Ganz von allein.
Ohne viel Aufwand.
Ohne das wir was tun können.

Sei wild

Sei schön

Sei fröhlich

Sei frei

Sei genau das, wovor viele solche Angst haben

Sei du selbst

Metamorphose

Lichtdurchfluteter Flur. Blinzelnd, durch die wehenden Gardinen.
Verdeckt, was dahinter liegt. Einzig wahrnehmbar, das Gelb der
Sonnenstrahlen. Was liegt dahinter?
Ich fühle.
Bin das ich?
Ich fühle.
Sind das wir?
Ich fühle.
Ist da die Freiheit, die ich so sehr misse? Der Weg hört hier nicht
auf.
Er fängt doch erst hier an. Ist das die Chance? So greifbar nah?
Wie soll ich es erkennen, wenn der Schleier mir die Sicht des Lichtes
nimmt?
Ein Schatten, in wunderschöner Unmöglichkeit.
Ein Schatten, so hell wie die Sonne selbst. So greifbar nah.
Ich fühle. Beinahe unsichtbar. Ich möchte sie sehen.
So sehr sehen.

Die Sehnsucht in mir wächst. Freiheit muss unendlich sein.
Ist es das? Ist die Sehnsucht nach Freiheit, was ich brauche?
Schaffe es nicht – Lider so schwer.
Schaffe es nicht – Köper nicht mein.
Egal wie sehr ich es versuche. Leblos, schwer wie Blei.
Liege auf eisigem Boden. Festgeschnürt durch Kälte. Doch ich muss.
Ich muss die Augen öffnen, die Flügel endlich befreien.
Ich fühle.
Fliegen.
Ich fühle.
Doch wie?
Ich weiß nicht wie.
Ein warmkalter Windhauch bläst die Schleicher hoch hinauf.
Blick dahinter, wunderschön. Ein kleines grünbraunes Blatt berührt sanft meine Haut. Segelt unbeschwert dem Weg entgegen. Gedankenfrei von Sorgen. Wie ein Balletttanz. Ist das meine Chance? Mut, ich brauche Mut. Beweg dich. Beweg dich endlich.
Arm fast gestreckt. Elle leicht gebogen. Fingerspitzen fast erreicht.
Ich fühle.

Länger, immer Länger. Stärker, immer stärker.
Ich kann es schaffen. Heller, immer Heller.
Nur einen Zentimeter. Mühe, gib dir mehr Mühe.
Ich kann es schaffen. Finger greifen danach. Ich strecke mich. Spüre alle meine Muskeln, meine Sehnen, meine Knochen. Sie wachsen.
Lichtpunkte rieseln auf mich nieder.
Wärme. Geborgenheit.
Die Hülle reißt.
Luft fließt durch mich hindurch, haucht mir Leben ein.
Die Frische belebt meine Seele.
Wie ein Fluss bekannter Feuer, rast es durch meine Adern.

Nur ein klein bisschen. Ich kann es schaffen. Ich muss lernen, wie es geht. Aber ich weiß, meine Zeit ist da. Die Wärme wird heißer. Das Licht wird heller. Blatt funkelt im Sonnenlicht, als meine Finger es berühren. Es fliegt um mich, wie von unsichtbarer Hand getragen. Es hebt mich an, im Lichtpunktenebel, vom Boden hinauf. Glitzernd, funkelnd, freudig strahlend. Melodisch raschelnd durchzieht mich seine Energie. Ich fliege, federleicht. Höhepunkt fast erreicht. Gleich ist er da.

Ich fühle.

Er kommt näher.

Ich fühle.

Nicht mehr lang.

Länger, immer Länger. Stärker, immer stärker.

Ich kann es schaffen. Greller, immer greller.

Nur einen Zentimeter. Mühe, gib dir mehr Mühe.

Ich kann es schaffen. Finger greifen danach. Ich strecke mich. Spüre alle meine Muskeln, meine Sehnen, meine Knochen. Sie wachsen.

Lichtpunkte rieseln auf mich nieder.

Wärme. Geborgenheit.

Die Hülle reißt.

Luft fließt durch mich hindurch, haucht mir Leben ein.

Die Frische belebt meine Seele.

Wie ein Fluss bekannter Feuer, rast es durch meine Adern.

Höher, immer höher. Weiter, immer weiter.
Ich kann es schaffen. Schneller, immer schneller.
Nur einen Zentimeter. Halt, gib mir mehr Halt.
Ich kann es schaffen. Finger greifen danach. Ich strecke mich. Spüre
alle meine Fasern, meine Gelenke, meine Venen. Sie wachsen.
Lichtpunkte rieseln auf mich nieder.
Liebe. Zuhause.
Die Hülle reißt.
Sauerstoff durchfließt mich; haucht meiner Lunge leben ein.
Luft belebt meine Seele.
Wie ein Fluss bekannter Feuer, rast es durch meine Adern.

Strecke meine Arme aus, lasse meine Finger tanzen.
Höhepunkt erreicht.
Ich fühle mehr als je zuvor.
Es platzt aus mir heraus.
Tausend leuchtende Sterne verstreuen sich am Horizont.
Haare wehen wie das Herbstlaub im Abendrot des Sonnenlichts.
Der Tag endet, ich kann es sehen, als ich lebendig werde.
Schillernd, erwacht aus einem Wachstumsschlaf.
Lebendig, geschlüpft aus meinem Kokon.
Kribbeln in den Füßen.
Auf Zehenspitzen tanzend durch den Flur.
Drehe mich, schneller immer schneller.
Leichtigkeit ummantelt mich.
Hüllt mich ein, wie eine Decke im Winter.
Lässt die Wärme nicht mehr gehen.
Ich ziehe ihn um mich.
Schützend geborgen.
Ich fühle jetzt.
Und lasse den Flur hinter mir.
Den Flur, mit den wehenden Gardinen.

Lerne dein

In genau jenem Moment, in dem du dich dafür entscheidest, du dich für dich **entscheidest**, beginnt eines: **Dein Leben!** Lerne dein Ich kennen, lerne nein zu sagen und lerne nicht nur zu funktionieren. In dem du dein Ich kennenlernst, öffnen sich dir so **unglaublich** viele **Möglichkeiten**, von denen du vorher keine Ahnung hattest. Lauf nicht weg, sondern nimm sie an. Möglichkeiten kommen in dieser Form nie wieder! Es passiert immer genau dann, wenn es an der **Zeit** ist, dass es passiert. In dem du lernst, NEIN zu sagen, sagst du **JA zu dir** selbst. Dein Leben besteht nicht darin, alles für andere zu tun und dich **selbst** hintenanzustellen. Sei dir selbst am nächsten, denn nicht alles, was du für andere Menschen tun würdest, würden sie auch **für dich** tun.